Föreläsningar om Johannes evangelium

# Herrens fotspår I

Dr. Jaerock Lee

**Nasaret (Lukas 2:51-52)**
Jesus tillbringade sin barndom i Nasaret med att be och söka Guds vilja och försyn.

**Jesu födelseplats (Matteus 2:9)**
Jesus föddes i Betlehem i Juda land omkring 2 000 år sedan för att uppfylla Guds frälsningsförsyn.

**Helgonen Sergius och Baccus kyrka (Matteus 2:13)**
Man tror att detta är den plats där Maria, Josef och barnet Jesus vilade mot slutet av deras resa till Egypten när de flydde för ku[ngen] Herodes.

# Jesus,
# Frälsaren,

som lämnade himlens härlighet

för att frälsa världen som var förlorad i sin synd

Frestelsens berg (Matteus 4:1)
Efter 40 dagars fasta leddes Jesus av den Helige Ande ut i öknen för att bli frestad av djävulen.

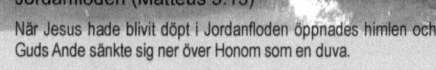

Jordanfloden (Matteus 3:13)
När Jesus hade blivit döpt i Jordanfloden öppnades himlen och Guds Ande sänkte sig ner över Honom som en duva.

Den fransiskanska bröllopskyrkan i Kana (modernt namn Kaft Kanna) (Johannes 2:7-11)
I början av sin offentliga tjänst gjorde Jesus sitt första tecken då Han förvandlade vatten till vin på en bröllopsfest.

Synagogan i Kapernaum (Lukas 4:31-32)
Överallt dit Jesus gick letade Han efter en synagoga i området för att predika evangeliet om himlen.

Betsaida (Matteus 11:21)
Galileen var den huvudsakliga platsen för Jesus tjänst och där kallade Han sina lärjungar och gjorde mängder av mirakler.

Jesus,
världens sanna Ljus
som gav evangeliet om himlen
till själarna som vandrade i mörkret som förlorade får

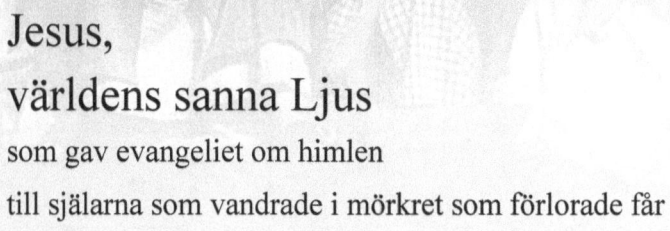

Galileiska sjön
Galileen var den huvudsakliga platsen för Jesus tjänst och där kallade Han sina lärjungar och gjorde mängder av mirakler.

Jesus...
Läkaren,
som kom med frihet
till de sjuka och betryckta,
och som kom med tröst och hopp
till de förkastade och förbisedda.

Kyrkan för bröd- och fiskundret i Tabgha (Johannes 6:11-13)
Denna kyrka kallas också för kyrkan för multipliceringen av bröden och fiskarna, till minne av miraklet då fem tusen mättades med två fiskar och fem bröd.

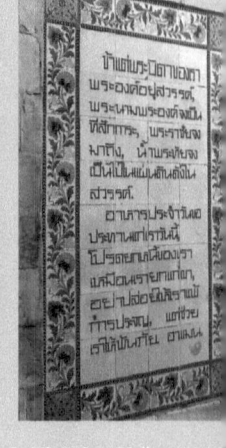

Fader Vår-kyrkan (Matteus 6:9-13)

**Dammen Siloam (Johannes 9:7)**
Jesus sade till en man som varit blind sedan födseln att tvätta sina ögon i denna dam. Mannen fick sin syn och blev botad och gick hem.

**Förklaringsberget (Lukas 9:28-30)**
På detta berg förvandlades Jesus och involverades i ett djupt andligt samtal med Mose och Elia.

Här lärde Jesus sina lärjungar Fader Vår-bönen. Bönen Fader Vår finns skriven på väggarna i kyrkan på omkring 70 olika språk.

**Ett olivträd**
Olivberget är omkring 810 meter högt och har varit fyllt med olivträd sedan länge tillbaka.

## Jesus Kristus,
## den sanne och gode Herden

som gav sitt liv för de förlorade med sin kärlek

som en god herde som beskyddar sina får med sitt liv

# *Herrens fotspår I*

Föreläsningar om Johannes evangelium

# Herrens fotspår I

Dr. Jaerock Lee

**Herrens fotspår I:** av Dr. Jaerock Lee
Utgiven av Urim Books (Representant: Johnny H. Kim)
73, Yeouidaebang-ro 22-gil, Dongjak-gu, Seoul, Korea
www.urimbooks.com

Eftertryck förbjudes. Ingen del av boken eller boken i sin helhet får reproduceras i någon form, genom lagring i elektroniska medier eller överföring på något sätt eller genom något annat tillvägagångssätt, elektroniskt, mekaniskt, kopiering, samt bandinspelning eller liknande, utan tidigare inhämtat tillstånd från utgivaren.

Om inget annat anges är alla bibelcitat hämtade från Den Heliga Skriften, Svenska Folkbibeln.

Copyright © 2020 av Dr. Jaerock Lee
ISBN: 979-11-263-0647-3, 979-11-263-0646-6 04230
Översättning till engelska, Copyright © 2017 av Dr. Esther K. Chung.
Användes med tillstånd.

Tidigare utgiven på koreanska av Urim Books år 2009

*Första utgåvan oktober 2020*

Redigerad av Dr. Geumsun Vin
Design av Editorial Bureau på Urim Books
Tryckt av Prione Printing Company
För mer information, kontakta: urimbook@hotmail.com

Författarens kommentar

## Att följa Honom i Hans fotspår...

Under min pilgrimsresa till det Heliga landet för att gå i Herrens fotspår färdades jag över Galileiska sjöns blåa vatten. Det kändes som om jag färdades tillbaka 2000 år till vår Herres tid. Det gick inte att gå förbi en enda liten sten eller stå på gräset utan att känna förundrad över dess betydelse. Närhelst jag stängde mina ögon några sekunder, kändes det som om jag tydligt kunde höra Herrens röst. Och medan jag såg hur dammet virvlade upp från de andra pilgrimernas fötter, på deras vandring i Herrens fotspår, sammanflätades det förgångna och nutiden i en enda väv, och det kändes som om jag stod just på den plats där Herren hade utfört sin tjänst. Kanske det blev så på grund av min uppriktiga längtan att följa Honom i Hans fotspår.

Det finns fyra evangelier i Bibeln som följer de steg Herren tog under Hans tjänst. Dessa tre evangelier är: Matteus, Markus, Lukas och Johannes. Av de fyra evangelierna är Johannes evangelium, skrivet av Johannes – den som var så nära Herren att han kallades "Den lärjunge som Herren älskade" och som personligen fick vara med om allt – det evangelium som bär den djupaste andliga innebörden. Det är Johannes evangelium som allra tydligast visar att frälsningen enbart kommer från Jesus Kristus och att Han är Guds sanna Son.

Varje gång jag läser evangelierna blir jag överväldigad av känslor. Särskilt när jag läser Johannes evangelium och den Helige Ande upplyser mig med den djupa andliga innebörden som finns i Ordet kan jag inte annat än att dela med mig av detta till alla jag känner. Precis som Herren bad aposteln Petrus "Föd mina får", känner också jag mig nödgad att föda alla troende med dessa djupa andliga hemligheter som finns i Johannes evangelium. Det är därför som jag i juli 1990 började den första av 221 predikningar om Johannes evangelium.

*Föreläsningar om Johannes evangelium: Herrens fotspår*

*I* & *II* ger en tydlig bild av Jesus för 2000 år sedan sett ur Johannes ögon, som vittnade om Jesu liv utifrån personlig erfarenhet. Och hemligheterna om tidernas begynnelse och informationen om Jesu ursprung och Hans kärlek och försyn som till slut ledde till vår frälsning, har genom hela evigheten varit dolda.

Oavsett om Han var i templet eller på mötesplatser, på bergen eller på fälten, undervisade Jesus folket genom att använda bilder ur vardagslivet så att vem som helst lätt kunde förstå Honom. Hans budskap handlade huvudsakligen om Gud, Hans uppgift som Frälsaren, och om evigt liv. Trots att översteprästen och fariséerna inte kunde förstå Hans budskaps andliga innebörd, fann goda människor som Nikodemus, den samaritiska kvinnan vid Sykars brunn och Lasarus nytt liv genom Herrens budskap. Genom att dela budskap om livet som inte gick att höra på andra platser förde Herren tröst och hopp till de sjuka, fattiga och de bortstötta. Men de som vägrade att förstå Guds kärlek vände ryggen till Jesus för att Han var så olik den Messias de förväntade sig. Till sist var det just de människorna som ropade att Han skulle korsfästas. Vad tror du Jesus tänkte på när Han hängde på korset?

När vi verkligen inser vilket offer Jesus gav – att Han utstod allt lidande och alla plågor på korset för att det var det enda sättet att uppfylla Guds försyn – kan vi bara böja oss ner i ödmjukhet inför Honom. Från födseln, i alla tecken och under Han gjorde till budskapen Han delade, till Hans lidande på korset och slutligen till Hans uppståndelse, var allt som Jesus gjorde betydelsefullt. När vi verkligen inser den andliga innebörden bakom varje händelse, kan vi i sanning förstå Guds djupa kärlek till oss.

Hemligheten till evigt liv som finns i Johannes evangelium gäller oss alla i dag. Om vi öppnar våra hjärtan och accepterar Ordet med ett gott hjärta kommer vi att upptäcka en otrolig skatt, och om vi lever i enlighet med Ordet kommer Gud att svara oss på våra böner och ge oss otroliga välsignelser och styrka.

Jag skulle vilja rikta ett särskilt tack till Geumsun Vin, chef över Redaktionsavdelningen och till personalen som så ihärdigt har arbetat hårt med publiceringen av denna bok, och jag hoppas att alla som läser den här boken kommer att uppleva Guds stora kärlek. Jag ber också att du, i det att du följer Herrens fotspår och lever i enlighet med Hans undervisning, kommer ta emot svaren på alla dina böner och att Gud kommer att befalla sina oerhörda välsignelser från ovan att komma över dig!

Januari 2009

*Jaerock Lee*

# Förord

# Hur Johannes evangelium kom till

**1. Om författaren till Johannes evangelium**

Författaren till Johannes evangelium är aposteln Johannes. Trots att det inte nämns någonstans i Johannes evangelium vem författaren är, är det lätt att fastställa att det är Johannes som är författaren. Det beror på att Johannes som "den lärjunge Herren älskade" (Johannes 13:23, 19:26, 20:2, 21:7, 20) fick uppleva Herrens liv personligen.

Johannes är son till Sebedeus och Salome och Jakobs yngre bror. Tillsammans med sin bror Jakob var Johannes en av de första som blev Jesu lärjunge. På grund av hans häftiga temperament kallades Johannes för "Åskans son." Men han var så älskad av Herren att han fick möjlighet att se Jesu andliga förvandling på Förklaringsberget och att Jairus dotter fördes tillbaka till livet. Efter att Jesus tillfångatagits av judarna och alla lärjungar i fruktan flydde sin väg, stannade Johannes hos Herren ända till den stund Han dog på korset. Och eftersom Jesus såg Johannes trofasthet, överlämnade Han vården om jungfru Maria till Johannes kort innan Han dog på korset.

Efter att ha sett Kristi uppståndelse och tagit emot den Helige Ande förvandlades Johannes. Han överlät hela sitt liv till att sprida evangeliet (Apostlagärningarna 4:13) och bodde sina sista år i Efesus. Under kejsare Domitans tyranniska styre förvisades Johannes sedan till ön Patmos. Patmos är en ö som framför allt består av granit, en fruktlös och ödslig ö där dricksvatten är svårt att få tag på och där växtligheten är knapp.

På dagtid var Johannes tvingad att arbeta i en gruva under svåra förhållanden, under bevakning av romerska soldater. I nattens kyla och hunger lade Johannes all sin energi på att be. Än i dag går det att se hans handavtryck i grottan där det sägs att Johannes bad varje dag, som vittnar om hur det var på den tid då Johannes var där. Efter Domitians död återvände Johannes till Efesus och dog där. I hans skrifter, som Johannes evangelium, Första, Andra och Tredje Johannes brev och Uppenbarelseboken, talar Johannes över 120 gånger om kärlek, vilket är orsaken till att han ofta kallas "kärlekens apostel."

## 2. Varför Johannes evangelium skrevs

I Johannes 20:31 är Johannes tydlig med varför han skrev Johannes evangelium.

*"Men dessa har blivit nerskrivna för att ni ska tro att Jesus är Messias, Guds Son, och för att ni genom tron ska ha liv i hans namn."*

På den tiden var det många judar som hatade Jesus och ihärdigt förnekade att Han var Kristus. Till slut dödade de Honom på korset. Men på grund av att aposteln Johannes hade varit ett personligt vittne han tydligt vittna om att Jesus är Guds sanna Son, och att Han är Kristus.

Det genomgående temat i Johannes evangelium är "Kristus, kärleken, livet och världens ljus." Det förmedlar budskapet till oss om Kristus som kom till denna värld för att ge oss liv, Kristus som kom för att lysa upp världens mörker, och Kristus som visade Guds kärlek till hela världen genom att offra sig själv.

## 3. Vad det är som gör Johannes evangelium så speciellt

De tre evangelierna som har förmedlar Jesu tjänst och undervisning – Matteus, Markus och Lukas – är generellt lika till innehållet, strukturen och perspektivet; vilket gör att de tre evangelier kallas för de synoptiska evangelierna. Men det är definitivt något som särskiljer Johannes evangelium från de andra evangelierna.

För det första beskriver de synoptiska evangelierna Jesu tjänst där Galiléen är huvudplatsen för händelserna, medan Johannes evangelium beskriver Jesus tjänst med fokus på framför allt Jerusalem och Judéen.

För det andra nämner Johannes evangelium påskhögtiden tre gånger (Johannes 2:13, 6:4 och 11:55) medan de synoptiska evangelierna bara nämner påskhögtiden en gång, vilket visar att Jesu tjänst varade i totalt tre år.

För det tredje fokuserar de synoptiska evangelierna på himmelriket medan Johannes evangelium fokuserar på relationen mellan Jesus och Gud samt evigt liv (Johannes 3:16, 5:24, 11:25, 17:2-3).

Johannes evangelium förklarar Jesu Kristi ursprung och hur Han var med Gud från begynnelsen, och frasen "Jag är ---" dyker upp många gånger genomgående i Johannes evangelium. Fraser som *"Jag är livets bröd"* (Johannes 6:35), *"Jag är världens ljus"* (Johannes 8:12), *"Jag är vägen, sanningen och livet"* (Johannes 14:6), *"Jag är den gode herden"* (Johannes 10:11), och *"Jag är den sanna vinstocken"* (Johannes 15:1) ger en tydlig bild om vem Jesus är. Och händelser som det första tecknet Jesus gjorde på bröllopsfesten i Kana och Hans besök till Samarien och många andra som inte finns nedskrivna i de synoptiska evangelierna finns nedskrivna i Johannes evangelium.

Det är framför allt i Johannes evangelium som vi ser ett antal tillfällen då Jesus säger, *"Jag säger er sanningen."* Det skickar en stark signal till läsaren om Guds Ords okränkbara värde.

# Innehåll

Författarens kommentar

Förord

*Kapitel 1*
Guds Son som kom till denna värld ■
1. Jesus, Ordet som blev kött (1:1-18) ■3
2. Johannes Döparens vittnesbörd (1:19-34) ■18
3. Jesu efterföljare (1:35-51) ■26

*Kapitel 2*
Jesus gör det första tecknet ■
1. Bröllopsfesten i Kana (2:1-12) ■35
2. Gör inte min Fars hus till en marknadsplats (2:13-25) ■46

*Kapitel 3*
Hemligheten att bli född på nytt ■
1. Samtalet med Nikodemus (3:1-21) ■57
2. Den som kom ner från himlen (3:22-36) ■76

## Kapitel 4

### Jesu evangelisationsmetod ■

1. Jesu samtal med den samariska kvinnan (4:1-26) ■ 85
2. Jesus undervisar sina lärjungar (4:27-42) ■ 98
3. Det andra tecknet i Kana (4:43-54) ■ 107

## Kapitel 5

### Tecknet vid Betestadammen ■

1. Mannen som blev botad efter 38 års sjukdom (5:1-15) ■ 115
2. Judarna som förföljde Jesus (5:16-30) ■ 124
3. Jesu vittnesbörd till judarna (5:31-47) ■ 132

## Kapitel 6

### Livets bröd ■

1. Tecknet med de två fiskarna och de fem bröden (6:1-15) ■ 141
2. Jesus som gick på vattnet, och skaran som följde Honom (6:16-40) ■ 151
3. Äta Människosonens kött och dricka Hans blod för att få evigt liv (6:41-59) ■ 163
4. Lärjungarna som lämnade Jesus (6:60-71) ■ 171

# Innehåll

*Kapitel 7*
## Undervisningen under Lövhyddohögtiden ■
1. Jesus går i hemlighet till Jerusalem (7:1-13) ■ 179
2. Jesus uppenbarar sig själv i templet (7:14-31) ■ 187
3. Judarna försöker gripa Jesus (7:32-53) ■ 199

*Kapitel 8*
## Sanningen ska göra er fria ■
1. Jesus förlåter kvinnan som begått äktenskapsbrott (8:1-11) ■ 213
2. Jesu budskap till judarna (8:12-30) ■ 220
3. Friheten i sanningen (8:31-47) ■ 233
4. Judarna försöker stena Jesus (8:48-59) ■ 243

*Kapitel 9*

### Jesus botar en blind man ■

1. Gå och tvätta dig i dammen Siloam (9:1-12) ■ 251
2. Den blinde mannen som blivit botad och fariséerna (9:13-34) ■ 262
3. Att vara andligt blind (9:35-41) ■ 273

*Kapitel 10*

### "Jag är den gode herden" ■

1. Liknelsen om den gode herden (10:1-21) ■ 279
2. "Jag och Fadern är ett" (10:22-42) ■ 294

## Kapitel 1

# Guds Son som kom till denna värld

1. Jesus, Ordet som blev kött
(1:1-18)

2. Johannes Döparens vittnesbörd
(1:19-34)

3. Jesu efterföljare
(1:35-51)

# Jesus, Ordet som blev kött

Sedan världens begynnelse har folk alltid ansett att släktträdet är en viktig beståndsdel i livet. Släktträden visar människor längtan att upptäcka och uppskatta sitt ursprung och rötter. Ett släktträd visar vilka våra föräldrar är, vilka våra mor- och farföräldrar är, och vilka deras föräldrar var. Om vi fortsätter bakåt i släktledet ända till början, till vår familjs ursprung, vem tror du då är roten till oss alla? Det är Adam och Eva, hela mänsklighetens stamfäder.

Vad var det som hände innan människan började existera, hur började människan existera, och varför var det nödvändigt för Jesus, Guds son, att komma till denna värld?

## Gud och Ordet

"I begynnelsen var Ordet, och Ordet var hos Gud, och Ordet var Gud." (1:1)

Hemligheten till livets ursprung finns i Johannes 1:1. Det står att i begynnelsen var "Ordet." Här betyder "Ordet" Gud, som existerar i form av Ordet. Till skillnad från människan började inte Gud existera för att Han föddes av föräldrar. Han är en fullkomlig Varelse som existerar helt och hållet av egen kraft i evigheten, innan tidens början (2 Mosebok 3:14). Vi behöver egentligen inte använda ordet "början" när vi talar om Gud. Men orsaken till att vi använder ordet "början" är för att i mänsklig kunskap och erfarenhet måste allt och allt som sker ha en början. Så detta ord hjälper oss att bättre förstå det som har med Gud att göra.

Ordet "begynnelse" finns också i 1 Mosebok 1:1, *"I begynnelsen skapade Gud himmel och jord."* Men denna "begynnelse" är inte den samma som "begynnelsen" som Johannes skriver om. Dessa två "begynnelser" handlar om två olika tider. "Begynnelsen" som nämns i 1 Mosebok handlar om den tid då Gud skapade himmel och jord, och "begynnelsen" som nämns i Johannes handlar om tiden innan evigheten, som människan inte kan greppa.

Varför säger då Johannes att i begynnelsen var "Ordet" och inte "Gud"? Det är för att bättre kunna förklara Guds bild. I begynnelsen existerade inte Gud som en människa med form och utseende. Som det står i 1 Johannes brev 1:5, *"Gud är ljus"* styrde Gud över helt och hållet över tid och rum mitt i det klara, magnifika och underbara ljus, bärande myriader av ord. Dessa ord är klara, genomskinliga, mjuka och ändå majestätiska och genljudande ljud som är starka nog att eka ut över hela universum. Människor som har hört Guds röst under den oerhört djupa inspirationen från den Helige Ande kan möjligen förstå detta ljud. I det att Han ensam styrde över den oändliga, andliga rymden formade Gud en plan för att "kultivera människan" för att få sanna barn med vilka Han kunde dela sann kärlek.

Efter att ha planerat den mänskliga kultiveringen tog Gud en form för sig själv (1 Mosebok 1:26). Den Gud som tidigare enbart hade existerat i form av Ordet började nu se ut som en människa, och Han existerade som Treenig Gud genom att vara Fadern, Sonen och den Helige Ande. Gud var tvungen att forma sig själv till Treenig Gud eftersom Han behövde Sonen Jesus som skulle bli Frälsaren genom vilken människorna skulle kunna bli sanna Guds barn, och den Helige Ande som skulle fullborda kultiveringen av människan.

Eftersom det står skrivet, "Och Ordet var hos Gud" ser det ut som att Ordet och Gud är två separata varelser. Men det fortsätter, "Och Ordet var Gud" för att låta oss få veta att Ordet i själva verket är Gud själv. Men om vi skulle analysera processen var Ordet först. Det beror på att Ordet blev Treenigheten och sedan tog namnet "Gud." När Ordet existerade ensam behövde Han inte något namn, men efter att ha planerat den mänskliga kultiveringen behövde Han ge människan ett namn hon kunde kalla Gud.

Vanligtvis är det de 66 böckerna i Bibeln vi tänker på

när vi säger "Ordet." Men Bibeln är en skrift som förklarar människans position, vägen till frälsning och så vidare – information som människan behöver under kultiveringen. Men det finns en liten del av Ordet som existerade från allra första början vilket inbegriper hela Guds hjärta.

## Jesus Kristus

"Han var i begynnelsen hos Gud. Allt blev till genom honom, och utan honom blev ingenting till av det som är till. I honom var liv, och livet var människornas ljus. Och ljuset lyser i mörkret, och mörkret har inte övervunnit det." (1:2-5)

Gud som existerade Ordets form, gjorde sig själv till Treenig Gud för den mänskliga kultiveringen, och som Treenigheten påbörjade Han skapelseverket. Som denna vers säger oss att från allra första början, eller till och med innan skapelsen, existerade Fadern, Sonen och den Helige Ande tillsammans och arbetade tillsammans.

När tiden var inne började Gud, som hade planerat den mänskliga kultiveringen för att få sanna barn, skapa universum med sitt Ord. När Gud sade, *"Varde ljus"* blev ljuset till, och allt i naturen, all växtlighet och alla levande organismer skapades efter hur Han befallde (1 Mosebok 1). Det beror på att Ordet är Gud själv och den verkliga källan till liv.

Till sist skapade Gud människan och lade på så sätt grunden för den mänskliga kultiveringen. Genom detta hoppades Gud på att få barn i sin egen avbild, men tyvärr lever inte människor efter Guds Ord. Det ledde till slut till att mänskligheten började gå på dödens väg.

Så för att ge dem sant liv, tog Gud kött och blev som en människa och kom in i denna värld. Det är Gud Sonen, Jesus. Eftersom Jesus har samma ursprung som Gud Fadern visar alla Hans Ord och handlingar hur Guds hjärta är. Det är därför Han sade, "*Den som har sett mig har sett Fadern*" (Johannes 14:9).

Jesus hade en människas kropp men eftersom Han ursprungligen är Ordet kunde Han bota de sjuka, uppväcka de döda till livet och stilla stormen och vågorna (Markus 4:39). Och för att ge oss himlen tog Han till slut korset i vårt ställe och gav oss evigt liv (1 Johannes 1:2).

1 Johannes brev 5:12 säger, "*Den som har Sonen har livet. Den som inte har Guds Son har inte livet.*" Och i Johannes 14:6 säger Jesus, "*Jag är vägen, sanningen, och livet. Ingen kommer Fadern utom genom mig.*"

Jesus som är livet själv, kom alltså till denna värld som människans ljus. Och eftersom ljuset lyser i mörkret kan människan inse osanningen som finns i mörkret och börja förstå sann godhet och vandra mot livet, sanningen och Ljuset.

Men som det står skrivet, "mörkret kan inte övervinna det" tillhör människor som är nedsölade i synd fienden djävulen, som har makten över mörkrets värld. Därför kan de som står under hans makt se Ljuset men inte förstå det.

# Ett vittne om ljuset

"Det kom en man, sänd av Gud. Hans namn var Johannes. Han kom som ett vittne för att vittna om ljuset, för att alla skulle komma till tro genom honom. Själv var han inte ljuset, men han kom för att vittna om ljuset." (John 1:6-8)

Innan Gud sände Jesus till den här världen och till människorna som lever i laglöshet, omoral och synd, förberedde Han ett vittne som skulle vittna om Jesus som är ljuset och livet. Det är lätt för folk att säga att Gud är den som har kontrollen över liv och död. Det är förstås så att Gud har den fullständiga makten över liv och död och med precision och ordning kontrollerar hela universum. Men Han bestämmer inte vilka barn som föds av vilka föräldrar. Varje man och kvinna har den fria viljan att välja sin maka eller make, gifta sig och få barn. Det enda som Gud förser är det nödvändiga biologiska materialet som är inbyggt i människans kroppar så att de kan få avkomlingar. Det är ägget och spermien.

Men det finns exceptionella fall där Gud griper in, när det handlar om att göra en säregen människa som Han kan använda på ett särskilt sätt för sitt rike. När Han förbereder något Han ska göra i framtiden, utväljer Han en särskild person för ett särskilt uppdrag. Johannes Döparen var en sådan person. Han blev till under Guds försyn för att förbereda vägen för Jesus, som skulle bli mänsklighetens Frälsare.

Lukas 1:5-6 säger, *"På den tiden då Herodes var kung*

i Judeen fanns i Abias prästavdelning en präst som hette Sakarias. Hans hustru var av Arons släkt och hette Elisabet. Båda var rättfärdiga inför Gud och levde fläckfritt efter Herrens alla bud och föreskrifter." Sakarias och Elisabet blev bekräftade av Gud som fläckfria och rättfärdiga. Gamla som de var, var det enda de saknade ett eget barn. Men Gud såg deras hjärtans godhet och välsignade Elisabets livmoder så att hon kunde bli med barn (Lukas 1:13). Det barnet var Johannes Döparen.

Under Guds försyn levde Johannes, som föddes sex månader innan Jesus, ett väldigt speciellt liv, helt olikt andras. Avskild från resten av världen bodde Johannes i ödemarken, bar kläder av kamelhår och ett läderbälte om midjan, och åt gräshoppor och vildhonung. Han kommunicerade enbart med Gud, och eftersom han förstod vad hans uppdrag var förberedde han sig på det.

Hans uppdrag var att förbereda vägen för Jesus. Det är mycket mer övertygande när någon annan säger "Den personen är så här" om en specifik individ, än att personen själv säger "Jag är så här." Med detta i tankarna skulle det ha varit mycket svårare för folket att acceptera Jesus som deras Messias om Han hade talat om sig själv och sagt "Jag är Messias. Tro på mig." Det är därför som Gud utvalde Johannes för att vittna om "Messias" som snart skulle komma.

Om vittnet lever i mörkret och samtidigt vittnar om ljuset skulle folk aldrig tro på honom eller följa honom. Det är därför som Johannes var så from och oväldslig – till den grad att han bara ägde ett klädesplagg – och han levde ett liv i full lydnad till Gud när han vittnade om Jesus.

## Det sanna ljuset och Guds barn

"Det sanna ljuset, som ger ljus åt alla människor, skulle nu komma in i världen. Han var i världen och världen hade blivit till genom honom, men världen kände honom inte. Han kom till det som var hans eget, och hans egna tog inte emot honom. Men åt alla som tog emot honom gav han rätten att bli Guds barn, åt dem som tror på hans namn. De är inte födda av blod eller av köttets vilja eller av någon mans vilja, utan av Gud." (1:9-13)

Ljuset har sina begränsningar, oavsett hur klart det lyser. Inte ens solen kan lysa upp hela jorden samtidigt. Men Jesus är det sanna Ljuset som ger ljus till hela världen och alla som finns i den. Fysisk ljus som vi kan se med våra ögon slocknar efter ett tag, men Jesus Kristus är evig och därför kallas Han för det sanna Ljuset.

Johannes Döparen gav hela sitt liv för att få människor att lära känna detta Ljus, men ändå kunde de inte känna igen denne Jesus. Det var för att Jesus inte kom på det sätt de hade förväntat sig att Messias skulle komma. På den tiden levde judarna under romarrikets förtryck och förväntade sig en Messias som skulle ha den politiska makten att befria dem från betrycket. Men i deras ögon verkade Jesus för maktlös och fattig för att kunna utföra den uppgiften.

Men till de som tog emot denne Jesus som kom till Juda land och de som tror på Hans namn, ger Gud rätten att bli Hans barn. Han ger dem också den Helige Ande som en gåva och skriver ner deras namn i Livets bok i himlen. Från den stunden och framåt har de rätt att kalla Gud deras "Fader." Denna rättighet kan inte jämföras med någonting i den här världen. Familjerelationer och blodsband slut när någon dör. Men andliga familjerelationer är eviga, eftersom de fortsätter att vara sammanbundna i himlen (Matteus 12:50). Människor som därför blir Guds barn är alla bröder och systrar i Kristus. En del tror att de tar emot Kristus och kommer till kyrkan med egen kraft, men så är det inte. Vi blir inte Guds barn av egen kraft eller egen önskan. Det är bara Gud som har kontroll över detta, därför är alla Guds barn födda av Gud.

## Guds enfödde sons härlighet

"Och Ordet blev kött och bodde bland oss, och vi såg hans härlighet, den härlighet som den Enfödde har från Fadern. Och han var full av nåd och sanning." (1:14)

Gud som i begynnelsen existerade som Ordet, tog mänsklig form och kom in i den här världen för att visa sig själv för oss. När Han är i formen av sin skapelse för att frälsa dem, kallar vi Honom "Jesus, Guds enfödde Son." Därför betyder namnet Jesus *"han ska frälsa sitt folk från deras synder"* (Matteus 1:21). Innan Han sände sin Son sände Gud ängeln Gabriel till jungfru Maria för att berätta för henne om Jesu ankomst.

*"Den helige Ande ska komma över dig, och den*

*Högstes kraft ska vila över dig. Därför ska barnet som föds kallas heligt och Guds Son"* (Lukas 1:35).

Den fysiska miljön och förutsättningarna runt Jesu födsel var väldigt torftig. På den romerska kejsarens befallning var Maria och Josef på den tiden tvungna att återvända till sin hemstad Betlehem för att skattskriva sin familj. Eftersom alla som var utspridda över hela landet återvände till sin hemstad vid samma tillfälle var det inte så konstigt att alla värdshus var fullbelagda. Det var därför Jesus föddes i ett stall där djuren bor. Det betyder att Han kom för att frälsa ett folk som inte var annorlunda är djuren Han föddes intill.

Men den andliga atmosfären vid tiden för Hans födelse var allt annat än fattig. Mängder av änglar prisade Gud och firade Frälsarens födelse. De visste att Jesus skulle övervinna dödens och mörkrets makt och vända den här världens förlorade människor till att bli Guds barn igen.

Jesus föddes i Betlehems område i landsdelen Judéen. Men Hans familj var tvungen att fly till Egypten med Honom. Han tillbringade sin barndom i Nasaret, i området sydväst om Galileiska sjön. Omhuldad av ett lugnt och avsides naturområde utforskade Jesus Guds vilja och försyn och blev varse om den. Närhelst Han hade tid gick Han upp i bergen och bad och mediterade på Guds Ord samtidigt som Han såg upp mot himlen. Han väntade tålmodigt på att uppfylla sitt uppdrag att sprida evangeliet om himlen och att ta på sig korset för mänsklighetens frälsning.

När Han var tolv gick Jesus och Maria och Josef upp till Jerusalem för att fira påskhögtiden. När att högtiden var över gjorde Maria och Josef sig iordning för att återvända hem. Det var så mycket folk där att de inte förrän resdagen gick mot sitt slut som de insåg att Jesus saknades. De trodde att den unge Jesus var vilse på en främmande plats och letade överallt för att hitta Honom. I tre dagar letade de utmed vägarna och innanför stadsmurarna men kunde inte finna Jesus någonstans. När de var uttröttade och på förtvivlans rand såg de Jesus i templet där Han talade med de stora lärarna i lagen. Jesus verkade inte vara det minsta distraherad eller nervös. I stället verkade Han väldigt bekväm och lugn, som om Han var i sitt eget hus.

Under flera dagar hade Jesus samtalat med lärarna och människor hade hört Honom och blivit förvånade över Hans vishet och kunskap. Denna händelse visar oss att Jesus redan vid tolv års ålder hade stor kunskap om lagen. Redan i dessa unga år var Jesus oerhört medveten om den andliga innebörden i varje lag. Därför står det i Lukas 2:52, *"Och Jesus växte i vishet, ålder och välbehag inför Gud och människor."*

En del tror att Jesus som barn hjälpte Josef med snickeriarbetet. Men om Jesus hade arbetat tillsammans med Josef i hans snickeri, hur skulle Han då ha haft tid att få så mycket kunskap om lagen att Han till och med förvånade lagens lärare? Och jungfru Maria visste vem Jesus var. Eftersom hon visste att Han var Gud den Högstes Son skulle hon inte ha tillåtit att Han arbetade som snickare. Hon tjänade Honom i stället och vakade noga över Honom.

Eftersom Han redan tidigt förberedde sig för sin tjänst kunde Han från den stund Han fyllde trettio starta sin tjänst i full kraft. Han kallade till sig sina lärjungar och visade Guds kraft för folket. Som Guds Son vittnade Jesus om den levande Guden och gav Honom ära. Han öppnade de blindas ögon, gjorde så att de stumma kunde tala och förde de döda tillbaka till livet. Jesus visade människorna som så totalt hade förlorat sin plats skapade till Guds avbild och som nu levde som djur, deras rätta bild och identitet som Guds barn. Han återlöste människor från fattigdom, sjukdom och svagheter. Han kom med hopp till de som var förtvivlade och till ett folk som vandrade mot evig död kom Han med barmhärtighet och möjlighet att få evigt liv. Barmhärtigheten som Gud för intet ger oss kallas "nåd."

Den rättfärdiga vägen, livet och evigt liv, en person som aldrig förändras trots att tiden går, kallar vi för "sanning." Även om Jesus hade samma eviga kraft och makt som Gud, bemötte Han onda människor med godhet och Han visade nåd till alla människor – Han förlät dem och älskade dem. Och eftersom Han var världens ljus med denna underbara sanning säger Bibeln att Han var full av "nåd och sanning."

### Nåd och sanning genom Jesus Kristus

"Johannes vittnar om honom och ropar: 'Det var om honom jag sade: Han som kommer efter mig är före mig, för han var till före mig.' Av hans fullhet har vi alla fått, nåd och åter nåd. Lagen gavs genom Mose, nåden

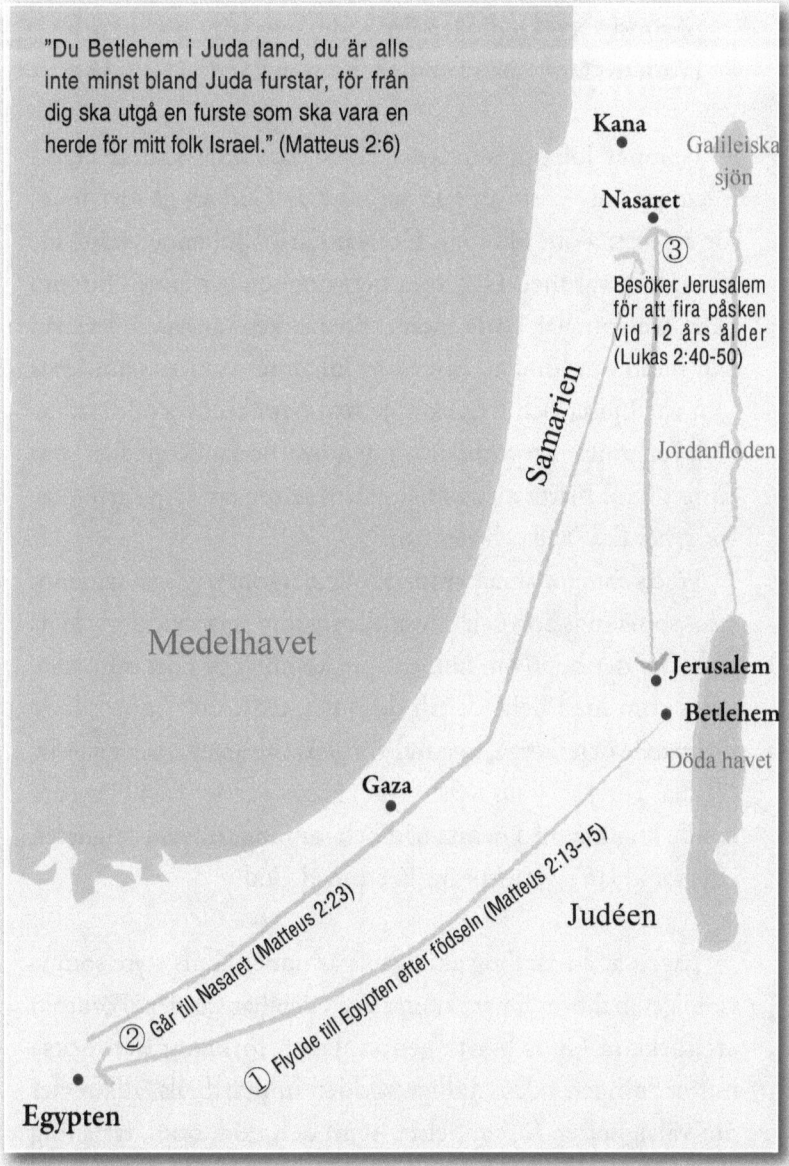

: : Jesu födelse och uppväxt

och sanningen kom genom Jesus Kristus. Ingen har någonsin sett Gud. Den Enfödde, som själv är Gud och i Faderns famn, han har gjort honom känd." (1:15-18)

Namnet Johannes betyder "Den som är älskad av Gud." Johannes själv visste att han var sänd av Gud att gå före Jesus, för att vittna om Honom. Det var därför Johannes visste att Jesus, som var med Gud från begynnelsen var "före" honom själv. Även om han levde ensam i ödemarken var han full av nåd och hopp om himlen. Eftersom Johannes vittnade om Jesus som var Ljuset och livet, kunde han bara bli överväldigad av nåd. Johannes uttryckte också den överflödande glädjen som fanns i hans hjärta medan han vittnade om att vi, på grund av Jesus, har fått "nåd och åter nåd."

Precis som Johannes vittnade blir alla som tror och tar emot Jesus som Guds Son och omvänder sig från sina synder glada på grund av det hopp om himlen som kommer in i deras hjärtan. Jesus kom med helande till de sjuka, tröst och hopp till de förkastade och fattiga, och frälsningens välsignelse och evigt liv till alla. Trots att Jesus Kristus var i köttet var det bara Han som kunde komma med denna nåd och sanning till mänskligheten eftersom Han i sitt ursprung är ett med Gud.

Lagen är en samling andliga lagar under Guds styre som vi verkligen behöver för att kunna leva i den här världen. Förutom att förklara Guds hjärta genom lagen förklarar den också hur ordningen i den andliga världen upprätthålls, alla regler om välsignelser, förbannelser, synd och död, dom, frälsning samt all annan nödvändig information för kultiveringen av mänskligheten. "Tora" på hebreiska, är en lagbok med 613 artiklar som Gud gav till israeliterna genom Mose innan Jesus kom in i denna värld. Det är därför Johannes hävdar i vers 17, *"Lagen gavs genom Mose, nåden och sanningen kom genom Jesus Kristus."*

Ibland när ni evangeliserar möter ni människor som säger, "Visa mig Gud, då ska jag tro." Men bara för att någon säger att de vill se Gud betyder det inte att Han kommer och visar sig själv för dem. Det beror på att syndare inte kan se Guds ansikte utan att dö, och på grund av Adams olydnad blev alla människor syndare (2 Mosebok 19:21). Det är därför som Ordet, som är Gud, blev människa och kom in i den här världen med namnet Jesus så att alla människor äntligen skulle kunna se Gud. Om vi därför tror på denne Jesus och lever i enlighet med Hans Ord kan vi möta Gud och be om vad vi vill och Han kommer att ge det till oss.

# Johannes Döparens vittnesbörd

Efter profeten Malaki från 433 f Kr, går Israel en andlig "mörk tidsålder" till mötes. De kommande 400 åren fanns det ingen Guds profet som förkunnade och predikade Hans budskap till folket. Som en nation under Roms inflytande sörjde och klagade Israel under en lång, tyst period på 400 år då slutligen en profet bröt igenom denna tystnad. Denna profet var Johannes Döparen.

## Rösten från den som ropar i öknen

"Detta är Johannes vittnesbörd när judarna sände präster och leviter från Jerusalem för att fråga honom vem han var. Han bekände och förnekade inte, han bekände: 'Jag är inte Messias.' De frågade honom: 'Vem är du då? Är du Elia?' Han sade: 'Nej, det är jag inte.' – 'Är du Profeten?' Han svarade: 'Nej.' Då sade de till honom: 'Vem är du då? Vi måste ge ett svar till dem som har sänt oss. Vad säger du om dig själv?' Han svarade med profeten Jesajas ord: 'Jag är rösten som ropar i öknen: Gör vägen rak för Herren!'" (1:19-23)

Om vi läser Matteus kapitel 3 ser vi att Johannes Döparen ropade ut i Judéens öken, *"Omvänd er! Himmelriket är nära!* (v. 2). Han ropade ut detta för att berätta för människor om Jesus som kom som världens Frälsare, och för att leda människor till Honom. Och när Johannes döpte i Jordanfloden kom människor från Jerusalem och hela Judéen och hela området kring Jordan för att bekänna sina synder och bli döpta av honom.

När Johannes förberedde vägen för Herren på det här sättet blev han ett hett diskussionsämne bland folket. För israeliterna som befann sig i kompakt andligt mörker var Johannes en liten solstråle för grund av hans sätt att leva i öknen och bara äta gräshoppor och vildhonung. Med tiden började ryktet om Johannes Döparen spridas och judarna blev nyfikna på vem han var. Det var därför de sände präster och leviter som var kunniga i lagen för att fråga honom.

"Vem är du?"
"Jag är inte Kristus."
"Är du Elia?"

"Det är jag inte."
"Är du Profeten?"
"Nej."

Under kung Ahabs styre i nordriket Israel fanns det en profet vid namn Elia. För att bevisa att Israels Gud var den sanne Guden ingick Elia en tävling mot 850 Baalsprofeter och Aseraprofeter. Gud svarade Elias bön genom att tända eld på hans offer från himlen, medan motståndarprofeterna inte fick något svar från sina gudar. Eftersom Elia var helig och ren lyftes han upp till himlen utan att behöva se döden. Under en väldigt lång tid var han mycket älskad av israeliterna i deras hjärtan och de uppskattade och respekterade honom. Judarna trodde på profetian som står skriven i Malaki 4:5, *"Se, jag skall sända till er profeten Elia, innan Herrens dag kommer, den stora och fruktansvärda"* och väntade ivrigt på Elia. Men deras hopp och önskan grusades när Johannes Döparen tydligt förnekade att han var Kristus eller Elia.

På grund av deras ihärdiga frågor presenterar Johannes Döparen sig själv på det här viset, "Jag är rösten som ropar i öknen: Gör vägen rak för Herren." Eftersom han själv mycket väl visste att hans uppgift var att förbereda vägen för Herren, försäkrade han sig om att han inte gjorde något övertramp. Och han förkunnade alltid att den som var större än honom skulle komma efter honom.

"Jag döper i vatten"

"De som var utsända kom från fariseerna, och de frågade honom: 'Varför döper du då, om du varken är Messias eller Elia eller Profeten?' Johannes svarade dem: 'Jag döper i vatten. Men mitt ibland er står en som ni inte känner. Han kommer efter mig, och jag är inte värdig ens att lossa remmen på hans sandal.' Detta hände i Betania på andra sidan Jordan där Johannes döpte." (1:24-28)

Översteprästerna och leviterna var förstås väldigt misstänksamma och tvivlande – deras folk döptes av någon som hävdade att han varken var Elia eller en profet. Därför frågade de honom, "Varför döper du då?" Varför tror du att Johannes Döparen döpte i vatten? Han döpte i vatten för att berätta för människor om den kommande Messias.

Andligt sett symboliserar vatten livets vatten som ger evigt liv till människan, vilket är Guds Ord. Precis som vatten renar kroppen från smuts, renar Guds Ord själen från synd. Johannes döpte i vatten eftersom det var en symbol på att människorna först skulle omvända sig från sina synder och sedan tro och ta emot Guds Son som skulle komma som Frälsaren.

På den tiden var Johannes Döparen högt respekterad av folket eftersom han var from och levde enligt Lagen och han levde i sanningen. Denne man gick runt och berättade för människor om Messias, ödmjukade sig själv och sade, "Han kommer efter mig, och jag är inte värdig ens att lossa remmen på hans sandal." När vi tänker på att många människor såg honom som en profet och följde honom, kan vi se hur ödmjuk han var. På samma gång hjälper Johannes bekännelse oss att inse hur helig och värdefull Jesus är.

"Se Guds Lamm..."

"Nästa dag såg han Jesus komma, och han sade: 'Se Guds Lamm som tar bort världens synd!'" (1:29)

Nästa dag gick Jesus för att möta Johannes vid Jordanfloden. Han gick för att döpa sig innan Han officiellt startade sin offentliga tjänst. Jesus hade inga fel eller svagheter. Men Han döptes eftersom Han hade kommit in i denna världen i köttet, som sin egen skapelse, för att kunna frälsa dem. Det är därför Han var tvungen att se till att följa den här världens ordning. Hans dop i Jordanfloden var därför betydelsefull eftersom det symboliserar offret och överlåtelsen Han var på väg att göra genom att ta på sig korset för att rädda mängder av själar.

I den Helige Andes fullhet sade Johannes i den stund han såg Jesus, "Se Guds Lamm som tar bort världens synd!" Många människor jagar antingen efter den här världens nöjen under sin tid på jorden eller begår alla möjliga slags synder för att försöka då berömmelse, makt eller bara vara lite bättre än alla andra. När Johannes gav sin bekännelse var han medveten om att Jesus till slut skulle bli naglad vid korset för allas synder.

Av alla djur som finns, varför jämförde Johannes Jesus med ett lamm? Han gjorde den jämförelsen på grund av lammets distinkta karaktärsdrag. Får är väldigt lydiga och de går bara dit deras herde leder dem. De gör inte motstånd även om någon fångar in dem och rakar av dem all deras ull. Deras ull, mjölk och kött offras för människans skull.

Det är framför allt årsgamla lamm av hankön med i särklass väldigt mjuk ull som ser väldigt vackra ut som användes för att offra till Gud. Om man skulle jämföra det med människan skulle dessa lamm vara som med en ung människa i sina bästa år. Det beror på att lammen är väldigt rena och felfria innan de når fortplantningsålder. Så är det med Jesus, offerlammet, som osjälviskt gav sig själv för oss syndare. Utan någon antydan till stridslystnad eller skrytsamt uppträdande var Han ödmjuk och mild, ren och felfri.

Johannes jämförde Jesus med ett lamm eftersom Jesus, likt ett offerlamm, måste bli offrad för syndarna som ett syndoffer. En del människor kallar nya troende som just kommit till tro för "lamm." Men Bibeln refererar till troende som "får" eller "Guds får", aldrig "lamm." Det är för att termen "lamm" används med hänvisning till Jesus Kristus.

## Guds Son

"'Det var om honom jag sade: Efter mig kommer en man som är före mig, för han var till före mig. Jag kände honom inte, men för att han ska uppenbaras för Israel har jag kommit och döper i vatten.' Johannes vittnade och sade: 'Jag såg Anden komma ner som en duva från himlen och stanna över honom. Jag kände honom inte, men han som sände mig att döpa i vatten sade till mig: Den du ser Anden komma ner och stanna över, han är den som döper i den helige Ande. Jag har sett det och vittnat: han är Guds Son.'" (1:30-34)

Jesus föddes in i den här världen sex månader efter Johannes Döparen. Men andligt sett hade Han existerat sedan före tidernas begynnelse. Johannes kände till den sanningen. Det var därför han sade, "Efter mig kommer en man som är före mig, för han var till före mig."

Och han hävdar att orsaken till att han själv existerar är för att uppenbara denne Jesus för Israel. Orsaken till att Johannes döpte med vatten var för att berätta för människorna om Jesus, som skulle döpa med den Helige Ande. För att bättre kunna förstå dopet i den Helige Ande som Jesus skulle utföra längre fram, behövde människor förstå den andliga betydelsen bakom dopet i vattnet först.

Gud sade till Johannes Döparen att den som Anden kommer ner som en duva från himlen över är Kristus. Precis som Gud hade talat öppnade himlen sig och Anden kom ner över Jesus som en duva efter att han hade döpts och kommit upp ur vattnet. När Johannes Döparen såg det visste han att Jesus var Guds Son. Och Jesus, som blev den förste att ta emot den Helige Ande, skulle senare bli den som skulle döpa alla människor med den Helige Ande.

Så vad tror du är orsaken till att Bibeln säger att den Helige Ande skulle komma ner som en duva? En duva symboliserar fred, och det är en mycket mild och lugn fågel som är väldigt folkvänlig. Men det betyder inte att det faktiskt var en duva som kom ner och landade på Jesus. Det betyder att Andens närvaro kom ner över Jesus på ett milt och lugnt sätt, något som reflekterar Jesu personlighet. Den Helige Ande arbetar på olika sätt, beroende på personens temperament. I människor med ett hett temperament verkar den Helige Ande på ett väldigt starkt sätt; och i människor med ett lugnt temperament verkar den Helige Ande på ett mjukt och lugnt sätt. Eftersom Gud öppnade Johannes andliga ögon kunde han se den Helige Andes närvaro, vilket är något som människor inte kan se med sina fysiska ögon. Därför kunde han se och vittna om att Jesus var Guds Son.

# Jesu efterföljare

Så upprymd och överväldigad Johannes måste ha blivit när han till slut fick möta Jesus som han hade väntat på och som han hade blivit sänd av Gud till att gå före! När Johannes såg denne Jesus som kom för att bli döpt av honom blev han så förlägen att han försökte säga nej till Hans begäran. Jesus sade, *"Låt det nu ske. Det är så vi ska uppfylla all rättfärdighet"* (Matteus 3:15). Jesu mjuka men ändå beslutsamma röst övertygade Johannes att inte tveka längre. Det var för att allt hände i enlighet med Guds vilja.

## Johannes Döparens lärjungar

"Nästa dag stod Johannes där igen med två av sina

lärjungar. När han såg Jesus komma gående, sade han: 'Se Guds Lamm!' De båda lärjungarna hörde vad han sade och följde efter Jesus. Jesus vände sig om och såg att de följde honom, och han frågade dem: 'Vad söker ni?' De svarade: 'Rabbi' – det betyder lärare – 'var bor du?' Han sade till dem: 'Kom och se!' Då gick de med honom och såg var han bodde, och de stannade hos honom den dagen. Det var omkring tionde timmen." (1:35-39)

Det var dagen efter att Johannes Döparen hade döpt Jesus i vatten. Johannes ville att hans älskade lärjungar skulle följa Guds Son Jesus. Det var därför Johannes sade till sina lärjungar, "Se Guds Lamm!" för att än en gång upprepa vem Jesus verkligen var.

Därför frågade Jesus dessa lärjungar vad de ville. Han frågade inte för att Han inte visste vad de ville. Han frågade för att Han bara kunde gensvara till dem om de bad (Matteus 7:7). Han ville ge dem en möjlighet att be. I den stund de hörde detta började lärjungarna följa Jesus.

"Vad söker ni?"
"Rabbi, var bor du?"

"Rabbi" på hebreiska är en titel för en judisk laglärd och betyder "Min lärare, min Herre." Det är en titel som används för att adressera någon som förtjänar respekt och en laglärd med mycket kunskap. Än en gång sade Han till Johannes lärjungar, som nu såg Honom som sin lärare, "Kom."

När lärjungarna följde Jesus och började samtala med Honom insåg de inte ens att tiden gick. De var så betagna av Hans budskap.

## Andreas och Petrus

"Andreas, Simon Petrus bror, var en av de två som hade hört vad Johannes sade och följt Jesus. Han fann först sin bror Simon och sade till honom: 'Vi har funnit Messias!' – det betyder Kristus, den Smorde. Och han förde honom till Jesus. Jesus såg på honom och sade: 'Du är Simon, Johannes son. Du ska heta Kefas' – det betyder Petrus." (1:40-42)

En av Johannes lärjungar som följde Jesus var Andreas, Simon Petrus bror. När han talade med Jesus upptäckte han en fantastisk sanning. Han upptäckte att Jesus var den Messias som alla profetior hade talat om! Andreas kunde inte hålla tyst om nyheten så han skyndade sig till sin bror Simon och sade, "Vi har funnit Messias!"

Kan du föreställa dig vad Simon måste ha känt när han såg Andreas ansikte rödflammigt och upprymt när han utropade, "Jag har mött Messias!" Simon måste först ha blivit förskräck, men eftersom hans bror bekände att han hade mött Kristus – den Messias som israeliterna under så många år så ivrigt hade väntat på – följde han kvickt med sin bror för att träffa Honom. När Jesus såg Simon sade Han, "Du är Simon, Johannes son. Du ska heta Kefas (Petrus)."

Jesus visste från början vem han var och Han såg rakt in i Simons hjärta. Jesus visste också hur Gud senare skulle använda honom. "Kefas" eller "Petrus", som Jesus kallade honom, skulle senare bli Jesu främsta lärjunge som offrade sitt liv för att lägga en stark grund på vilken den första församlingen kunde byggas. De andra evangelierna skriver att Petrus och Andreas fiskade vid Galileiska sjön när de blev kallade att bli Jesu lärjungar (Matteus 4:18; Markus 1:16-18). Orsaken till att Johannes evangelium skiljer sig på det här området är för att Johannes evangelium upprepar Andreas och Petrus första möte med Jesus; och inte när de blev kallade till att bli Hans lärjungar.

## Filippus och Natanael

"Nästa dag beslöt Jesus att gå därifrån till Galileen. Då fann han Filippus och sade till honom: 'Följ mig!' Filippus var från Betsaida, samma stad som Andreas och Petrus. Filippus fann Natanael och sade till honom: 'Vi har funnit honom som Mose skrev om i lagen och som profeterna skrev om – Jesus, Josefs son från Nasaret.' Natanael sade till honom: 'Från Nasaret? Kan det komma något gott därifrån?' Filippus svarade: 'Kom och se!'" (1:43-46)

Dagen efter att Jesus hade mött Andreas och Petrus mötte Han Filippus när Han var på väg bort från Galileen. Han sade till honom, "Följ mig!" Filippus kom, liksom Petrus, från staden Betsaida, och han blev också kallad att bli Jesu lärjunge.

Och precis som Andreas gick han iväg till Natanael för att berätta nyheterna att han hade förstått att Jesus var Messias. Eftersom Filippus vid den här tiden egentligen inte visste något om Jesus presenterar han Honom som "Jesus, Josefs son från Nasaret." Och han säger, "Vi har funnit honom som Mose skrev om i lagen och som profeterna skrev om – Jesus, Josef son från Nasaret." Men Natanael frågade, "Från Nasaret? Kan det komma något gott därifrån?" Natanael kunde inte tro på Filippus. Han tänkte, "Hur kan det vara möjligt att den store Messias skulle kunna komma från en liten byhåla?" Natanael trodde att Messias som skulle frälsa hela mänskligheten från deras synder som Guds Son skulle vara en god person, men på samma gång vara så högt ansedd att man inte ens skulle våga titta på Honom. Så när han hörde att Messias var son till en vanlig snickare kunde han inte tro sina öron!

Vis som han var försökte Filippus inte diskutera med Natanael. Han sa helt enkelt bara till honom att komma och se själv om han inte kunde tro det. Det var svårt för Natanael att tro, men eftersom han hade ett gott hjärta lyssnade han på sin väns råd och följde med honom.

"Jesus såg Natanael komma och sade om honom: 'Här är en sann israelit som är utan svek.' Natanael frågade honom: 'Hur kan du känna mig?' Jesus svarade: 'Innan Filippus kallade på dig såg jag dig under fikonträdet.'" (Johannes 1:47-48)

När Jesus ser Natanael komma mot Honom efter att ha blivit ledd av Filippus ger Han honom en komplimang och säger, "Här är en sann israelit som är utan svek." Jesus såg rakt in i Natanaels hjärtas centrum och visste att han hade ett oföränderligt hjärta för att han var trofast och lydig mot Guds Ord. Så varför tror du att Jesus kallade Natanael för en "sann israelit"? När Gud utvalde Jakob till att bli Israels stamfader ville Han ha ett gott och sanningsenligt folk. Men tid efter annan vandrade israeliterna vilse från Gud och tillbad avgudar. Gud letade efter en "sann israelit" som verkligen var trofast och lydig, och det var då Natanael kom fram till Jesus.

Natanael blev givetvis överraskad när Jesus som aldrig ens hade träffat honom tidigare, kände igen honom och berömde honom. Han frågade, "Hur kan du känna mig?" Jesus svarade "Innan Filippus kallade på dig såg jag dig under fikonträdet." Jesus hade aldrig tidigare träffat Natanael men Han såg rakt igenom honom! Eftersom Natanael hade ett gott hjärta tvivlade han inte på Jesus genom att fråga, "Jag undrar om någon har berättat om mig för Jesus innan vi träffades?" I stället öppnade han sitt hjärta och accepterade sanningen som den var.

### Natanaels andliga bekännelse

"Natanael svarade: 'Rabbi, du är Guds Son, du är Israels kung!' Jesus svarade honom: 'Du tror för att jag sade att jag såg dig under fikonträdet. Större saker än så ska du få se.' Sedan sade han till honom: 'Jag säger er sanningen: Ni ska få se himlen öppen och Guds änglar stiga upp och stiga ner över Människosonen.'" (1:49-51)

Efter att bara ha utväxlat några få ord med Jesus kom Natanael med en väldigt överraskande bekännelse: "Rabbi, du är Guds Son, du är Israels kung." På det svarade Jesus, "Du tror för att jag sade att jag såg dig under fikonträdet. Större saker än så ska du få se."

När Jesus hade hört Natanaels andliga bekännelse berättade Han för honom om vad som skulle ske i framtiden. Precis som Bartolomeus, en av Jesu apostlar, fick Natanael se många tecken och under för att han höll sig nära Jesus. Han fick se många människor bli botade från alla slags sjukdomar; han såg Lasarus komma tillbaka till livet efter att ha varit död i fyra dagar och förruttnelsen redan hade börjat; han fick också se Jesus dö på korset, bli begravd i en grav och sedan uppstå på den tredje dagen.

Jesus gav sedan Natanael ytterligare ett välsignat budskap: "Jag säger er sanningen: Ni ska få se himlen öppen och Guds änglar stiga upp och stiga ner över Människosonen." Det är bekräftelsen på Natanaels bekännelse, "Du är Guds Son, du är Israels kung." Orsaken till att Jesus inte svarar "Ja, du har rätt" utan i stället indirekt bekräftar Natanaels bekännelse och indirekt uttrycker att Han är Messias är för att det ännu inte var Jesu tid att göra det öppet. Om Han sade något öppet skulle fienden djävulen och Satan kunnat distrahera frälsningsplanen och försöka hindra Guds vilja att bli uppfylld. Därför ville Han inte avslöja sig själv ännu. Jesus såg alltid rakt in i hjärtats centrum; och Han tänkte på det uppdrag Han måste fullborda och handlade därför bara i full enighet med Guds vilja.

*Kapitel 2*

# Jesus gör det första tecknet

1. Bröllopsfesten i Kana
(2:1-12)

2. Gör inte min Fars hus till en marknadsplats
(2:13-25)

# Bröllopsfesten i Kana

Jesus mognade i ålder och förberedde hela tiden sig själv för sin tjänst som Frälsaren och väntade på att Hans tid skulle komma. Och så snart Han fyllt 30 började Han officiellt sin offentliga tjänst för att som Messias rädda mänskligheten. Det mirakulösa tecknet Jesus gjorde under en bröllopsfest i regionen Kana markerar starten på Hans offentliga tjänst. En del tror att när Jesus förvandlade vatten till vin bara välsignade Han folket på bröllopsfesten. Men det finns en speciell innebärd bakom detta första tecken Han gjorde när Han startade sin offentliga tjänst. Jesus gick på en bröllopsfest, förvandlade vatten till vin, och uttalade särskilda ord i sitt samtal med Maria, som alla bär på stor betydelse.

## Jesus var inbjuden till en bröllopsfest

"På tredje dagen var det bröllop i Kana i Galileen, och Jesu mor var där. Även Jesus och hans lärjungar var bjudna till bröllopet. Men vinet tog slut, och Jesu mor sade till honom: 'De har inget vin.' Jesus svarade henne: 'Kvinna, vad har vi med det att göra? Min stund har inte kommit än.'" (2:1-4)

Regionen Kana ligger inte långt från Nasaret eller Galileen. En dag var Maria och förstås Jesus och Hans lärjungar, inbjudna till en bröllopsfest som hölls där.

Om du läser Lukas 17:27 står det om Noas tid då domen kom att, *"Folk åt och drack, gifte sig och blev bortgifta, ända till den dag då Noa gick in i arken. Då kom floden och gjorde slut på dem alla."* Och i vers 30 står det, *"På samma sätt ska det bli den dag då Människosonen uppenbarar sig."* Orden "åt, drack, gifte sig och blev bortgifta" användes för att förklara hur världen skulle vara fylld med ondska i de sista dagarna.

Kana i Galileen symboliserar dessutom andligt sett världen, och bröllopsfesten i Kana symboliserar världen som är fylld av att man äter, dricker och hänger sig åt synd i de sista dagarna. Denna världens härskare fienden djävulen frestar människor till att följa sina syndfulla instinkter att bli berusade av den sekulära världen.

Så varför gick Jesus på en sekulär bröllopsfest? Jesus skulle aldrig gå på en fest eller bankett för att hänge sig åt världsliga nöjen. Han kom bara till den här världen för att ge ära till Gud och för att frälsa mänskligheten. Så hur kunde Han ens börja sin offentliga tjänst genom att hänge sig åt världsliga nöjen? Orsaken till att Jesus gick på den sekulära bröllopsfesten var för att visa att Guds Son, som är helig och avskild från synd, kom till en värld full av synd för att frälsa syndarna i den.

När festen var som bäst tog vinet slut. För festens värd var det en hemsk situation. Maria, som fick redan på vad som hade hänt tyckte synd om värden och berättade för Jesus vad som hade hänt. Under trettio år hade hon levt med Jesus och hon visste att Han hade kraft att göra vad som helst. Men Jesus gav Maria ett oväntat svar, "Kvinna, vad har vi med det att göra? Min stund har inte kommit än."

Och, varför kallade Jesus Maria för "kvinna"? Gud, Skaparen av universum, kan inte kalla en kvinna som Han har skapat för "moder." Under trettio år hade Han förstås tjänat sina fysiska föräldrar i enlighet med buden och som son med de skyldigheter som följde med det. Men efter att Han påbörjat sin tjänst gjorde Han enbart sitt uppdrag som "Guds Son." Det är därför Jesus kallar Maria för "kvinna" framför sina lärjungar på festen.

Och Han frågar Maria, "Kvinna, vad har det med oss att göra?" för att visa att Han och Hans lärjungar inte hade någon del i att äta, dricka och roa sig som människorna gjorde. Och vad menar Jesus när Han säger, "Min stund har inte kommit ännu"? Ordet "stund" i den här meningen har med andlig tid att göra. Så vad Han menar är att tiden ännu inte har kommit för Honom att fullborda sitt frälsningsuppdrag genom att dö på korset för våra synder. Maria pratade med Jesus om den fysiska situation de befann sig i, att vinet hade tagit slut på festen, medan Jesus svarade henne med ord som bar på en djup, andlig betydelse.

## Den andliga betydelsen av de sex stenkrukorna

"Hans mor sade till tjänarna: 'Gör vad han säger till er.' Nu fanns där sex stenkrukor, sådana som judarna använder vid sina reningar. De rymde omkring hundra liter var. Jesus sade: 'Fyll krukorna med vatten', och de fyllde dem till brädden." (2:5-7)

Maria berättar för tjänarna att göra vad Jesus än säger till dem att göra. Först kan det här få oss att tro att Marias handlingar gick emot vad Jesus just hade sagt till henne när Han hade svarat, "Min stund har inte kommit ännu." Men Maria skulle aldrig strunta i vad Jesus hade sagt. Även om Jesus hade sagt att Han inte hade något med den här världens nöjen att göra, hade Maria tro att Han skulle ha barmhärtighet över festens värd – som var i en mycket svår situation – och göra något för honom.

På festen fanns det sex vattenstenkrukor som judarna använde för sina ceremoniella reningar, där en rymde hundra till hundratjugo liter vatten. Bibeln nämner att krukorna var gjorda av "sten." Det beror på att en sten representerar något som är starkt och oföränderligt, som en stark grund. Det visar på Guds oföränderliga löfte. Det faktum att det fanns sex

: : Bröllopet i Kana (Målning inuti den fransiskanska bröllopskyrkan)

: : Den fransiskanska bröllopskyrkan

stenkrukor där är betydelsefullt eftersom det representerar de 6 000 år av mänsklig kultivering. Precis som stenkrukorna har Guds försyn och kärlek till mänskligheten varit och kommer att vara oförändrad under den mänskliga kultiveringens 6 000 år.

När Maria visade Jesus att hennes tro inte avskräcktes, svarade Jesus henne genom att göra ett mirakulöst tecken. Jesus sade till tjänarna att fylla de sex krukorna med vatten. Det står att de fyllde krukorna till brädden, vilket betyder att det var nära att rinna över. Det faktum att vattnet nådde brädden på krukorna men inte rann över betyder att den mänskliga kultiveringen kommer ta slut innan det har gått 6 000 år. Det väldigt lilla utrymmet ovanför brädden på krukorna symboliserar de händelserna som kommer äga rum på jorden under den sjuåriga vedermödan som kommer efter att den mänskliga kultiveringen är avslutad.

### Försynen i att förvandla vatten till vin

"Sedan sade han: 'Ös nu upp och bär in det till värden.' Och de gjorde så. Värden smakade på vattnet, som nu hade blivit vin. Han visste inte varifrån det kom, men tjänarna som hade öst upp vattnet visste det. Värden kallade därför på brudgummen och sade: 'Alla sätter fram det goda vinet först, och sedan det sämre när gästerna börjar bli berusade. Men du har sparat det goda vinet ända till nu.'" (2:8-10)

När tjänarna lydde Jesus, alltså när de öste upp från krukan och tog det till festens värd hade vattnet förvandlats till vin! Vattnet som Jesus hade förvandlat till vin var ett fantastiskt gott vin. Det smakade så gott att festens värd kallade på brudgummen för att ta reda på mer. Vanligtvis brukade man på en fest servera sitt bästa vin först eftersom gästernas sinnen blev avtrubbade allteftersom festen gick och folk blev berusade. Då spelade det egentligen ingen roll att vinets kvalitet var lite sämre än det som serverats tidigare. Men på den här festen kom det bästa vinet ut senare, så värden för festen tyckte det var lite märkligt.

Jesus gick inte på bröllopsfesten och förvandlade vatten till vin för att få folk att hamna djupare i utsvävningar. Jesus skapade i själva verket ett vin som inte innehöll något som skulle få människorna att bli berusade. För att förstå varför Jesus gjorde ett sådant mirakulöst tecken, behöver vi först förstå den andliga betydelsen bakom vatten och vin.

Här representerar vatten Jesu Kristi kropp som kom in i den här världen när Ordet blev kött (Johannes 1:14), och vinet representerar Jesu blod som skulle frälsa alla syndare. Orsaken till varför Jesus förvandlade vatten till vin och fick folk att dricka det var för att visa att när stunden var inne, skulle Jesus dö på korset och utgjuta sitt blod så att de människor som tror på detta skulle få sina synder förlåtna och ta emot frälsning.

Här representerar "festens värd" de världsliga människorna som inte tror på Gud, och tjänarna som öste upp och bar in det till värden för festen representerar Guds tjänare och arbetare. Tjänarna visste hur vinet hade blivit till, men värden för festen hade ingen aning om varifrån det kom. På samma sätt vet Guds tjänare och arbetare mycket väl att det är genom Jesu blod som vi blir frälsta, så de försöker berätta om Jesus Kristus och Guds Ord för deras får, likväl som för de som inte tror i den här världen.

Precis som värden för festen blev glad när han smakade på det nya vinet, blir människor som får sina synder förlåtna genom Jesu Kristi dyrbara blod verkligen glada i sina hjärtan. Deras synder skulle ha fått dem att gå raka vägen mot evig död, men på grund av Guds nåd blev deras synder borttvättade, så givetvis känner de stor glädje!

Och att vinet som förvandlades från vatten smakade gott representerar Guds ord som är sött som honung. Människor som inte tror på Gud försöker tillfredsställa sina fysiska begär med att jaga efter alla slags sekulära ting; men eftersom de till slut kommer möta evig död blir allt det meningslöst. Men Guds Ord är sött och djupt, och det ger oss liv och därför är Ordet i sanning värdefullt.

Så detta första tecken visade Guds försyn i att leda sitt folk till himlen genom att förlåta dem deras synder genom Jesu dyrbara blod och helga dem genom sitt Ord.

"**Detta var det första av de tecken som Jesus gjorde. Han gjorde det i Kana i Galileen och uppenbarade sin härlighet, och hans lärjungar trodde på honom.**" (2:11)

När Bibeln säger att lärjungarna trodde på Jesus efter att ha sett Hans härlighet genom detta första mirakulösa tecken, handlar det inte bara om just denna enskilda händelse då Jesus förvandlade vatten till vin. Denna mening har en symbolik och handlar om alla tillfällen som kommer uppfylla Guds försyn i framtiden. I Matteus 12 ser vi en händelse då några fariséer och skriftlärda kommer till Jesus och ber Honom att visa dem ett tecken. Fram till dess hade Jesus med Guds kraft visat tillräckligt med bevis för att människorna skulle tro. Jesus botade de blinda så att de kunde se och botade de stumma så att de kunde tala. Jesus gjorde mängder med tecken förutom dessa; men, det var inte tillräckligt för dem. De trodde fortfarande inte, och bad om ytterligare ett tecken.

I Matteus 12:39-40 svarade Jesus dem och sade, *"Ett ont och trolöst släkte söker ett tecken, men det ska inte få något annat tecken än profeten Jonas tecken. För liksom Jona var i den stora fiskens buk i tre dagar och tre nätter, så ska Människosonen vara i jordens inre i tre dagar och tre nätter."* Den stora fiskens buk handlar om "dödsrikets djup" i Gamla testamentet (Jona 2:2), vilket betyder den "Övre graven." Vad Jesus säger här är, att som Jona var olydig mot Gud och tillbringade tre dagar i graven, kommer Jesus också att dö på korset för mänsklighetens synder och sedan gå till graven. Och då kommer Han att visa oss ytterligare ett tecken genom att komma tillbaka till livet efter tre dagar.

Så meningen "Detta var det första av tecken som Jesus gjorde. Han gjorde det i Kana i Galileen och uppenbarade sin härlighet, och hans lärjungar trodde på honom" betyder inte att Jesu lärjungar trodde i den stund de såg vattnet förvandlas till vin. Denna mening är en profetia om att lärjungarna skulle få sann tro enbart efter att Jesus utfört "Jonas tecken" genom att dö på korset och uppenbara uppståndelsens härlighet.

Precis som detta skriftställe säger, kunde lärjungarna inte i sanning förstå allt Jesus hade sagt till dem förrän de hade fått se uppståndelsen, och de trodde på Honom.

"Sedan gick han ner till Kapernaum med sin mor, sina bröder och sina lärjungar, och de stannade där några dagar." (2:12)

Efter att ha gjort sitt första tecken, gick Han ner tillsammans med sin mor, sina bröder och sina lärjungar till Kapernaum. Kapernaum låg nordväst om Galileiska sjön och var en välbefolkad plats eftersom det på den tiden hade en romersk arméutpost och också var huvudkontoret för administrationen. Jesus gjorde också mycket av sin evangelistiska gärning på denna plats.

Det var här Han kallade Petrus, Andreas, Jakob och Johannes att bli Hans lärjungar; och det var här Han gav mycket av den undervisning Han gav dem. Det är den plats där Jesus botade en lam man och förde Jairus dotter tillbaka till livet. Men folket i Kapernaum tog inte emot Jesu ord. Folket på den här platsen fick se mycket mer av Guds kraft än i någon annan region, ändå omvände de sig inte. Det är inte så konstigt att Jesus sörjde över dem (Matteus 11:23).

Omkring det sjätte århundrandet rasade Kapernaums murar; och det har förblivit obebott och i ruiner till denna dag. Jesus stannade inte länge i denna region, och när vi ser på allt Han gjorde kan vi förstå varför. Jesus handlade aldrig utifrån sin egen vilja. Han följde alltid Guds vilja. Han sade bara det Gud sade åt Honom att säga, Han gick bara dit Gud sade åt Honom att gå, och Han stannade bara där Gud sade åt Honom att stanna.

# Gör inte min Fars hus till en marknadsplats

Under Salomos son kung Rehabeams styre, delades Israel i nordriket Israel och sydriket Juda, och det ledde till att de fick vara med om många invasioner från fiendenationer. År 722 f Kr förgjordes nordriket Israel av assyrierna och 586 f Kr blev sydriket Juda invaderat av Babylon, och många israeliter blev tagna till fånga. Det ledde till att det judiska folket fick lida under många år. Men till och med under romarnas betryck lyckades judarna återvända till Jerusalem från alla möjliga platser för att offra till Gud på deras nations största högtid, påsken.

## Jesus renar templet

"Judarnas påsk närmade sig, och Jesus gick upp till Jerusalem. På tempelplatsen såg han dem som sålde oxar, får och duvor och dem som satt där och växlade pengar. Då gjorde han en piska av rep och drev ut allesammans från tempelgården med både får och oxar. Han slog ut växlarnas mynt och välte deras bord, och till duvförsäljarna sade han: 'Ta bort det härifrån! Gör inte min Fars hus till en marknadsplats!' Hans lärjungar kom då ihåg att det står skrivet: Brinnande iver för ditt hus ska förtära mig." (2:13-17)

För att följa Lagen gick även Jesus upp till templet för att fira påskhögtiden. Man säger att de gick "upp till templet" eftersom Jerusalem ligger på ett berg 760 m över havet. Men när Jesus och Hans lärjungar kom till templet kunde Han inte tro sina ögon! Tempelplatsen var fylld av försäljare som försökte sälja oxar, får och duvor osv till de som hade rest långväga ifrån och som inte hade haft möjlighet att förbereda något offer till Gud.

Oxar, får och duvor stod uppradade till försäljning och där fanns pengaväxlare som växlade pengar åt folk eftersom de menade att utländsk valuta var oren att offra till Gud. Oljudet från människorna som förhandlade med varandra och djurens läten blandades samman och blev till ett sådant oväsen att templet knappast kunde ses som en helig plats för tillbedjan.

När Jesus såg allt det här började Hans hjärta brinna av ilska. Han gjorde en piska av rep och drev ut alla djur från tempelgården och Han slog ut växlarnas mynt och välte deras bord. Och mycket bestämt sade han till duvförsäljarna, "Ta bort det härifrån! Gör inte min Fars hus till en marknadsplats!"

Vad tror du det var som gjorde Jesus, som är så mjuk och som aldrig bråkar eller skryter, så rasande arg? Han var inte arg för att Han hade ett hett temperament. Han var arg eftersom Guds tempel, en plats som skulle vara den allra heligaste och renaste platsen, blev besudlad av försäljare som försökte tjäna pengar till sig själva. Denna scen visar oss hur mycket Jesus älskade templet.

Man skulle kunna undra, "Är det inte okej att sälja och köpa sådant som behövs för att offra till Gud?" Men försäljarna gjorde affärer för egen vinnings skull och det skymde Guds härlighet. Templet är en plats där vi tillber Gud i ande och i sanning, och en plats där vi offrar upp våra böner och vår lovsång till Gud. Det ska inte förekomma några affärstransaktioner mellan eller bland troende på denna plats.

Även i dag måste vi vara försiktiga så att vi inte gör affärer i kyrkan, oavsett vad det gäller. Man kanske undrar, "Men säljer vi inte böcker och andra saker i kyrkans bokhandel?" Men syftet med att ha bokhandeln i kyrkan får inte vara för att tjäna pengar. Pengarna som kommer från att sälja Biblar, psalmböcker och andra saker som är nödvändiga för det dagliga kristna livet används för att hjälpa de behövande, stödja missionsprojekt och andra program för Guds rike. Men förutom det är det inte tillåtet att försöker göra affärer i församlingen för egen vinnings skull.

På alla platser där människor samlas tillsammans i Herrens

namn, måste vi se till att vi inte tar med oss det världsliga sättet att göra det på. Vi kan göra det genom att göra allt i sanningen. Om vi med den minsta köttsliga tanke tar med oss någon trend från den sekulära världen till församlingen kommer det, precis som jäst växer och blir större, följas av frestelser och lidanden. Ja, Gud är kärleksfull och barmhärtig; men, Han kommer inte tolerera handlingar som besudlar församlingen eller skymmer Hans härlighet.

Lärjungarna såg Jesu vrede och förstod då skriftstället som säger, *"Brinnande iver för ditt hus ska förtära mig"* (Psaltaren 69:9). Fariséerna, sadducéerna och de skriftlärda hävdade att de älskade Gud och studerade därför lagarna och höll dem med brinnande iver. De samlades i templet för att offra och be. Men ändå förstod de inte Guds vilja. De såg heliga ut på utsidan, men inuti var de fyllda av ondska och orättfärdighet. De kunde inte förstå att folket vanhelgade templet med de affärer som försiggick därinne.

Det yttre utseendet på templet är viktigt, men hur mycket mer är då inte vårt hjärta, som enligt Bibeln också är Guds tempel, viktigt? Gud ser inte till en människas yttre, utan på det allra innersta i hennes hjärta. Det är därför det står i 1 Korintierbrevet 3:16-17, *"Vet ni inte att ni är Guds tempel och att Guds Ande bor i er? Om någon fördärvar Guds tempel ska Gud fördärva honom. Guds tempel är heligt, och det templet är ni."*

Eftersom det är i hjärtat som den Helige Ande bor måste vi alltid förbli i Ordet, göra oss av med ondska, och varje dag sträva efter att helga våra hjärtan. Bara när vi gör det kan vi på ett korrekt sätt utskilja vad Guds vilja är och leva så att det stämmer överens med det.

## "Riv ner det här templet, så ska jag resa upp det på tre dagar"

"Då reagerade judarna och frågade honom: 'Vad kan du visa oss för tecken eftersom du gör så här?' Jesus svarade: 'Riv ner det här templet, så ska jag resa upp det på tre dagar.' Judarna sade: 'I fyrtiosex år har man byggt på det här templet, och du ska resa upp det på tre dagar!' Men templet han talade om var hans kropp. När han sedan uppstod från de döda kom hans lärjungar ihåg att han hade sagt detta, och de trodde på Skriften och på ordet som Jesus hade sagt." (2:18-22)

Försäljarna i templet, översteprästen, sadducéerna och fariséerna var chockade över att se hur Jesus välte borden. Folket frågade, "Vad har Han för rätt att välta något som översteprästen och sadducéerna har tillåtit?" Om Jesus hade rätten och makten att göra detta, ville de att Han skulle bevisa det.

De frågade, "Vad kan du visa oss för tecken eftersom du gör så här?" "Riv ner det här templet, så ska jag resa upp det på tre dagar", svarade Jesus. Judarna skrattade åt Honom när de hörde Jesu svar. Templet i Jerusalem hade genomgått lika mycket lidande genom historien som Israels nation hade upplevt. Det första templet som hade byggts upp under kung Salomos styre blev förstört kort efter kung Nebukadnessar från Babylons invasion. När den första gruppen som hade tagits till fånga och förts till Babylon från Juda återvände hem, byggde de tillsammans med Serubbabel upp templet på 20 år. Men även det templet blev förstört av en invasion och många år senare byggde kung Herodes upp templet för att vinna folkets stöd, och det tog 46 år.

Så vi kan se att det inte var en lätt uppgift att bygga ett tempel. Att bygga ett tempel kräver stora tillgångar och mankraft, överlåtelse och hängivenhet. Så när Jesus sade att Han skulle bygga upp templet – som hade tagit 46 år att bygga upp – på tre dagar, tyckte förstås judarna att det var ett absurt påstående. Vi ser senare att de använde detta uttalande mot Jesus när de dömde Honom (Matteus 26:61). Och inte bara det, när Jesus hängde döende på korset för att uppfylla Guds frälsning för hela mänskligheten ropade de, *"Du som river ner templet och bygger upp det på tre dagar, fräls dig själv om du är Guds Son och kom ner från korset!"* (Matteus 27:40; Markus 15:29-30).

När Jesus sade, "ska jag resa upp det på tre dagar" sade Han att "Jag är templets Herre." Den andliga betydelsen bakom detta uttalande är detta: Jesus som är templet, kommer att dö på korset och uppstå på tredje dagen.

Om Jesus hade sagt till dem, "Jag är templets Herre och Gud Skaparens Son" skulle de nog ha blivit ursinniga och bemött Honom med Hans eget argument, "Vem gav dig rätten att vara templets Herre?!" Och om Jesus klart och tydligt hade sagt, "Och trots att ni kommer att korsfästa mig för att ni hatar mig, kommer jag att uppstå igen på den tredje dagen" skulle de ha blivit ännu mer rasande. Det var därför Jesus bara gjorde en indirekt antydan. Köttsliga människor förstår inte andliga ord. Inte ens Jesu lärjungar. Det var först efter att de hade sett Jesus dö på korset och uppstå igen som de verkligen kom till tro på Jesus som Frälsaren. Och bara efter att de tagit emot den Helige Ande på pingstdagen fick de mod att vittna om evangeliet utan fruktan för sina liv. Därför måste man ha en andlig erfarenhet och ta emot den Helige Ande för att i sanning kunna förstå Guds Ord och växa i tro.

"Medan han var i Jerusalem under påskhögtiden kom många till tro på hans namn när de såg de tecken han gjorde. Men själv anförtrodde han sig inte åt dem, eftersom han kände alla och inte behövde höra någon vittna om människan. Han visste själv vad som fanns i människan." (2:23-25)

På grund av dessa människor som inte kunde tro om de inte fick se tecken och under, botade Jesus de sjuka och uppväckte de döda. Han visade dem många kraftfulla verk. Det resulterade i att många människor välkomnade Honom och ville bjuda in Honom till sina hem. Men Jesus anförtrodde sig inte till någon av dem. Det var för att Han visste vad som fanns i människans hjärta. Vad de ville ha var inte Jesus utan Hans kraft.

Om Jesus inte längre hade någon kraft, skulle deras hjärtan förändras. Om något förändras på grund av att situationen förändras var det inte sanning från början. Men dessa människor som älskade Jesus från deras hjärtans centrum, gladde Jesu hjärta. Maria och Marta som bodde i Betania, var två sådana människor. Eftersom de verkligen älskade Jesus från deras hjärtans centrum, besökte Han deras hem varje gång Han passerade det området (Lukas 10:38).

Vad är det då Jesus menade när Han sade att Han inte behövde höra någon vittna om människan? Jo, eftersom det på insidan av människans hjärtan finns avundsjuka, svartsjuka, mord, lust och bedrägligheter. Jesus som var utan fel, som var rättfärdig och enbart höll sig till sanningen, ville inte bli dömd av dem. Sådana människor kan inte ta emot Guds kraft, och de kan inte ge ära till Gud. Till de med sanna hjärtan kommer Gud visa sin kraft – för att bevisa att Han är med dem – så att de kan ge Honom ära.

## Kapitel 3

# Hemligheten att bli född på nytt

1. Samtalet med Nikodemus
(3:1-21)

2. Den som kom ner från himlen
(3:22-26)

# Samtalet med Nikodemus

Medan Han var i Jerusalem över påskhögtiden, helgade Jesus templet, botade sjuka och predikade budskap som människorna aldrig hade hört någonstans innan dess. Många människor såg de mirakulösa tecknen Han gjorde och började tro på Honom. En av dessa människor var en farisé vid namn Nikodemus. Han var medlem av det judiska rådet.

Under Jesu tid var judendomen i huvudsak indelad i tre grupperingar: fariséerna, sadducéerna och esséerna. Av dessa tre hade fariséerna ett strikt förhållningssätt till lagarna, de trodde på de dödas uppståndelse och de hade mest makt över folket. Å andra sidan såg sadducéerna ner på det strikta förhållningssättet till lagarna. De trodde inte på uppståndelsen eller evigt liv och förnekade änglars existens och den andliga världen. De var en samling realister. Esséerna fokuserade mer på att uppnå fullkomlig harmoni med Gud. De hade alla ägodelar gemensamt och levde ett asketiskt liv avskilt från resten av världen.

## Nikodemus söker upp Jesus

"Bland fariseerna fanns en man som hette Nikodemus, en av judarnas rådsherrar. Han kom till Jesus en natt och sade: 'Rabbi, vi vet att du är en lärare som kommer från Gud. Ingen kan göra de tecken som du gör om inte Gud är med honom.'" (3:1-2)

Stora rådet som Nikodemus var medlem i hade 71 medlemmar med översteprästen. Rådets medlemmar fastställde lagar och dömde och hade positioner som kan jämställas med dagens samhälle med lag och ordning. Trots att landet var underställt romarrikets styre hade de av romarna fått utrymme att lokalt styra över folket.

Eftersom han var en inflytelserik man med position och ledarskap lade Nikodemus märke till att Jesus inte var som alla andra. Trots att han såg sig själv som en lärare kände han att det fanns en ovanlig kraft i Jesu undervisning. Och eftersom Jesus botade sjuka och lama, sådant som människor inte kan göra, erkände han Honom som någon sänd av Gud.

En natt kom han för att träffa Jesus. På den tiden anklagade religiösa ledare som fariséerna och sadducéerna Jesus och sade,

: : Sanhedrins offentliga mötesplats (modell)

"Han är besatt av Belsebub! Av demonernas furste..." Fariséerna och sadducéerna var nämligen rädda att förlora sin position och makt över folket eftersom många människor blev Jesu efterföljare.

Men Nikodemus var annorlunda. Han var alltid törstig efter sanningen. Trots att han höll sig till lagarna på ett strikt sätt, var han inte tillfredsställd av det helt enkelt. Vid någon tidpunkt började han tänka att Jesus skulle kunna släcka hans törst efter sanningen. Trots att han kom för att träffa Jesus om natten för att undvika att andra såg honom, erkände han Jesus som en god person, och ville lära känna Honom mer.

Det är så att alla som hör om och ser samma kraft från Gud kommer reagerar olika. När de såg Guds kraft blev en del överväldigade av glädje och öppnade sina hjärtan väldigt fort medan andra inte ens ville höra talas om något sådant och förnekade Guds kraft helt och hållet. En del onda människor väntade på att något skulle gå fel och försökte hitta något som de kunde skvallra om eller baktala. Skillnaden ligger i det goda och det onda som finns i var persons hjärta.

När Nikodemus mötte Jesus böjde han sig ödmjukt ner. Även fast han såg sig själv som en man med position och i ledarställning, visade han respekt för Jesus genom att kalla Honom "Rabbi" och bekände "Du är en lärare som kommit från Gud." Nikodemus sa detta eftersom han visste att de mirakulösa tecknen Jesus gjorde inte var något som vem som helst kunde göra, så han ville uttrycka sin respekt för Honom.

### Betydelsen av att bli "född på nytt"

"Jesus svarade: 'Jag säger dig sanningen: Den som inte blir född på nytt kan inte se Guds rike.' Nikodemus sade: 'Hur kan en människa bli född när hon är gammal? Hon kan väl inte komma in i moderlivet och födas en gång till?'" (3:3-4)

Efter att ha hört Nikodemus bekännelse ger Jesus ett oväntat svar. Efter att Nikodemus har sagt, "Du är en lärare som kommit från Gud" till Honom, säger inte Jesus, "Ja, du har rätt." I stället säger Han, "Jag säger dig sanningen: Den som inte blir född på nytt kan inte se Guds rike." Precis som Jesus såg Natanaels hjärtas centrum när Filippus tagit med sig honom till Jesus, såg Jesus också vad som fanns i centrum av Nikodemus hjärta. Nikodemus bekände på det sättet eftersom han i sitt hjärta trodde att Jesus var Kristus, och att Han var Guds Son. Eftersom han hade ett gott hjärta och såg alla mirakulösa tecken Jesus gjorde, trodde han helt enkelt att Jesus var från Gud. Men den tanken kom inte från ett andligt uppvaknande. Det är därför Jesus inte sade, "Du har rätt" eller "Du har fel." I stället undervisar Han honom i en andlig sanning genom att säga till honom att han måste bli född på nytt för att se Guds rike.

Vad innebär det att bli "född på nytt"? När någon som alltid blivit kritiserad av sina grannar förändras över en natt och blir "god" brukar man ofta säga "Han har blivit en helt ny person" eller "Hon har blivit född på nytt." Men det Jesus talar om här är inte att bli född på nytt i den fysiska världen, utan bli född på nytt i den andliga världen. Att bli född på nytt i anden är när någon som förut brukade leva i osanningen, lyssnar på Guds Ord och börjar leva i sanningen. Om någon som till exempel brukar ljuga förändras och blir ärlig; eller en arg och hatisk person förändras till en mild och älskande person.

Det finns gånger då människor som lider av en obotlig sjukdom möter Gud och blir botade. De blir så fyllda av Guds nåd och tacksamhet att deras hjärtan förändras. Men det betyder inte att de omedelbart har blivit födda på nytt i anden. För att det ska ske behöver vi den Helige Andes hjälp. Bara när vi tar emot den Helige Ande kan vi förstå Guds vilja, och bara när vi lever i Guds vilja kan vi bli födda på nytt i anden, och på så sätt få evigt liv.

Nikodemus förstod inte vad Jesus menade och undrade hur en person skulle kunna födas två gånger. Han var förstås tvungen att fråga eftersom han inte kunde förstå. "Hur kan en människa bli född när hon är gammal? Hon kan väl inte komma in i moderlivet och födas en gång till?"

Ett foster växer nio månader i livmodern innan det föds in i världen. Alla vet att man inte kan komma in i moderlivet när man en gång blivit född. Även fast Nikodemus har en väldig kunskap i lagarna och han är en lärare i lagen förstår han inte det andliga budskapet och kan inte hjälpa att han måste ställa därför denna löjeväckande fråga.

### Bli född av vatten och Anden

"Jesus svarade: 'Jag säger dig sanningen: Den som inte blir född av vatten och Ande kan inte komma in i Guds rike.'" (3:5)

Nikodemus kunde inte förstå vad Jesus menade med att bli "född på nytt" så när Jesus talade om att bli född av vatten och Ande kunde han inte greppa det Jesus talade om. Vatten släcker törsten och fungerar som smörjmedel för att alla organ i kroppen ska fungera ordentligt. Vatten uppehåller liv och tvättar bort allt som är smutsigt. Att bli "född av vatten" innebär alltså att tvätta bort allt mörker och allt smuts från hjärtat genom Guds Ord.

Även om det finns massvis med vatten framför oss kan vi inte släcka vår törst om vi inte dricker det, och om vi inte tvättar oss kan vi inte bli rena. Det samma gäller Guds Ord. Även om vi vet vad Guds Ord säger är det meningslöst om vi inte håller oss till det. Om vi gör vad Gud säger till oss i Bibeln, "Gör inte det, gör dig av med det", om vi gör oss av med hat, avundsjuka, svartsjuka, förakt och fördömande och andra frukter från osanningen från våra hjärtan, kommer våra hjärtan att bli rena. Då kan vi, precis som Gud säger till oss "Gör detta" eller "kom ihåg att", bli fyllda av kärlek, en uppoffrande inställning, glädje av att vara till nytta för andra, och sanningar som dessa i våra hjärtan. Att göra oss av med osanning och bli sanningsenlig genom att förbli i Guds Ord är att bli "född av vatten."

Vad betyder det då att bli "född av Ande"? Mänsklighetens första förfader Adam, var en människa som skapades med en ande, kropp och själ (1 Tessalonikerbrevet 5:23). Men när han begick synden av olydnad mot Gud genom att äta frukten från trädet med kunskap om gott och ont, dog hans ande. Så från den stunden blev människan en varelse som bara bestod av en själ och kropp, precis som djuren (Predikaren 3:18).

Men när vi tar emot Jesus Kristus som vår Frälsare och tar emot den Helige Ande får vår ande liv på nytt och vi blir Guds barn. Vi får dessutom våra namn skrivna i Livets bok i himlen. Den Helige Ande bor i våra hjärtan och hjälper oss att förstå att vi är syndare och leder oss till omvändelse. Den Helige Ande ger oss också nåd, styrka och kraft att leva efter Guds Ord.

Även om vi kanske kan mycket i Guds Ord kan vi ändå inte handla efter det om vi inte har den Helige Andes hjälp. Om

Guds Ord bara förblir som kunskap i våra huvuden, då kan frälsningen inte tas emot genom den. Efter att man har sått ett frö behöver man ge näring till det och ta hand om det tills man ser dess frukt. Efter vi på samma sätt tagit emot den Helige Ande behöver vi den Helige Andes hjälp för att ge näring och omsorg till vår ande så att den kan växa och mogna. Att bli född av Ande betyder därför att vi förblir i Guds Ord med hjälp av den Helige Ande och blir sanningsenliga – en person som speglar Guds avbild. När det sker tar vi emot frälsning och kan komma in i himlen.

Om vi har Guds Ord men inte den Helige Ande kan vi inte ha seger över världen eller fienden djävulen. Om vi inte har Guds Ord kan vi inte bli renade ens om den Helige Ande kommer till oss. Guds Ord och den Helige Ande samarbetar för att leda oss till himlen. Det är därför vi behöver bli "födda av vatten och Ande."

### En person född av den Helige Ande

"Det som är fött av köttet är kött, och det som är fött av Anden är ande. Var inte förvånad över att jag sade att ni måste födas på nytt. Vinden blåser vart den vill, och du hör dess sus, men du vet inte varifrån den kommer eller vart den är på väg. Så är det med var och en som är född av Anden." (3:6-8)

Nikodemus blev förbryllad av vad Jesus sade, men han försökte ta emot det med ett gott hjärta. Eftersom Jesus kände hans hjärta fortsatte Han att tala med honom. Om Nikodemus hade varit som de andra fariséerna och sadducéerna som försökte hitta diskussionspunkter överallt, då skulle Jesus förmodligen ha slutat tala med honom.

Nikodemus blir ännu mer förvirrad när Jesu börjar tala om "köttet" och "anden." "Köttet" betyder bokstavligt "skinnet" eller "kroppen." Men den andliga definitionen av "köttet" är allt som förgås eller förändras; det som inte är evigt. "Köttet" står för allt som är förgängligt som: allt under solen, hat, avundsjuka, svartsjuka, äktenskapsbrott, oenighet – allt som inte kommer från Gud och som inte är av sanningen.

Varför säger Jesus "Det som är fött av köttet är kött"? För att kunna förstå det här måste vi först veta vad lera eller jord är. Beroende på vad den blandas med kan kvaliteten på jorden förändras. En egenskap som jorden har är att det bryter ner och förändras; därför kommer jord från "köttet."

Eftersom människan skapades av stoft, eller jord, är hennes ursprungsnatur "köttslig." När Gud skapade den första människan gjordes han av fertil jord. Sedan blåste Gud in livsande i människans näsborrar och människan blev en levande varelse med en levande ande. Ja, den första människan Adam hade en ande, men han var inte en fullkomlig varelse som Gud. Människan var ingen levande ande av sig själv; han blev en levande ande eftersom Gud blåste in sin kraft i honom. Och eftersom människan inte var fullkomlig åt han av den förbjudna frukten med sin fria vilja. Det ledde till att Adams ande dog och han återvände till att bli en helt enkel människa av kött.

Och i denna människa, som just hade återvänt till köttet

Hemligheten att bli född på nytt | 65

eller närmare bestämt en förgänglig varelse, planterade fienden djävulen och Satan alla möjliga slags osanningar. Därför dröjde det inte längre än till nästa generation efter att Adams familj blivit utestängda från Edens lustgård – som det första mordet inträffade – och det skedde genom en broder mot sin egen broder.

Adams två söner Kain och Abel offrade båda till Gud, men Gud accepterade bara Abels offer eftersom det var ett korrekt offer. Kain blev avundsjuk och dödade Abel. Eftersom Adam blivit en köttslig människa var även hans avkomlingar av köttet, och i kommande generationer blev människan ondare och ondare. Till slut var människornas tankar och begär alltigenom fyllda med osanning, sådant som har med köttet att göra, vilket till slut kommer att förgås och förändras. Det är vad Jesus menade när Han sade, "Det som är fött av köttet är kött."

Därför kan människor som är på det viset, som enbart är av köttet, inte komma in i himlen, vilket är den andliga världen. Därför det står i 1 Korintierbrevet 15:50, *"... kött och blod kan inte ärva Guds rike, och det förgängliga kan inte ärva det oförgängliga."* Hur kan då en köttslig människa komma in i Guds rike? "Det som är fött av Anden är ande." Anden står helt i motsats till köttet. Anden förgås inte och förändras inte; den är evig. Bara den Helige Ande kan föda anden.

Som tidigare förklarat upplivar den Helige Ande vår ande, som en gång var död, och inte bara det, den fortsätter att få vår ande att mogna. Den Helige Ande hjälper oss att upptäcka vår synd och försöker hela tiden uppliva det "goda" i våra hjärtan. Den Helige Ande säger till oss, "Gå inte på vägen mot evig fördömelse. Det här är synd, och det är osanning. Den här vägen är rättfärdighetens väg." När vi försöker leva i sanningen, genom den Helige Andes hjälp, börjar "köttet" skalas av. Guds Ord säger till exempel till oss, "Hata inte." Om vi försöker lyda detta ord genom att jaga ut hatet ur våra hjärtan, kommer kärleken som är motsatsen till hatets osanning, ta sin plats i våra hjärtan. Det är vad som händer när "Det som är fött av Anden är ande."

När Jesus försökte förklara det här genom att göra en skillnad mellan den köttsliga världen och den andliga, kunde Nikodemus inte förstå vad Han talade om. Det beror på att den andliga världen inte är något man kan förstå med världslig kunskap. Det är bara med hjälp av den Helige Ande som man kan förstå den. Trots att Nikodemus var en lärd man och väldigt kunnig, var han okunnig när det gällde den andliga världen, och därför kunde han inte förstå Jesus. För att hjälpa honom att förstå bättre förklarar Jesus på nytt och använder "vinden" som en illustration.

När vi ser löven skaka kan vi säga att det blåser, men vi kan inte säga när vinden kom och varifrån. Precis som vi inte vet var vinden tar vägen, kan en köttslig person inte till fullo förstå en människa som är född av Anden. Eftersom den som är född av Anden distanserar sig från världsliga nöjen och lever ett väldigt självkontrollerat, måttfullt liv, kan köttsliga människor tänka, "Vad gör den där personen egentligen när han ska ha roligt?" Men den som är född av vatten och Anden lever i enlighet med Guds Ord, och därför är han fylld av sann frid och glädje som kommer från hoppet om himlen som Gud ger till honom.

## Nikodemus frågar ytterligare en gång

"Nikodemus frågade: 'Hur kan det gå till?' Jesus svarade: 'Du är Israels lärare. Förstår du inte det här? Jag säger dig sanningen: Vi talar om det vi vet och vittnar om det vi har sett, men ni tar inte emot vårt vittnesbörd.'" (3:9-11)

Inte ens efter att Jesus förklarat med hjälp av vinden som illustration förstod Nikodemus. Så han frågade igen. Av det här kan vi förstå hans ivriga längtan efter att förstå den andliga världen. Han frågade, "Hur kan det här gå till?"

På den frågan svarar Jesus med en annan fråga, "Du är en lärare i Israel och förstå inte det här?" Jesus ställde inte den frågan för att förringa Nikodemus eller få honom att se löjlig ut. Han ville helt enkelt verkligen få Nikodemus att förstå eftersom han kände Gud, och han var en som undervisade i lagarna, men ändå förstod han inte den andliga världen. Vid den tid Nikodemus kom för att besöka Honom hade Jesus i själva verket redan varit i tjänst under en tid. Därför kände Nikodemus redan till om, och hade hört Jesu vittnesbörd om vad Han sade angående himlen. Han kände också till alla tecken och under Jesus hade gjort. Men ändå kunde han inte förstå. Det var därför han fortsatte att fråga.

På den tiden var det många människor som ändå inte kunde tro, trots att de såg de tecken och under Jesus gjorde. Orsaken till att de inte kunde tro var inte för att de inte hade någon kunskap om den andliga världen utan för att deras hjärtan var onda och hårda. Antingen var de andligt arroganta eller tänkte de att det inte stämde överens med den kunskap om lagarna de redan hade. Då de började kritisera och döma Jesu undervisning och mirakler. För att hjälpa dessa människor att förstå, talade Jesus om "vad vi vet", vilket skulle vara Guds sanning, eller Hans Ord, och Han vittnade om "vad vi har sett", vilket skulle vara den andliga världen, tecken och under. Men Jesus menade att människor ändå inte lyssnade eller trodde.

De "människor" som Jesus talade om inkluderade Nikodemus. Det berodde på att hans andliga ögon ännu inte var öppnade, och han var i en situation där han ännu inte heller förstod de andliga tingen. Men Nikodemus kom inte till Jesus med ett ont hjärta vilket till slut ledde till att han tog emot Herren, och hela hans liv förändrades på grund av det. Längre fram försvarade han fortfarande Honom, till och med när han befann sig i en situation där han egentligen inte kunde stödja Jesus, och efter Jesu död på korset tog han med sig kryddor som skulle användas för Jesu kropp (Johannes 7:51, 19:39-40).

> "Om ni inte tror när jag talar till er om det jordiska, hur ska ni då kunna tro när jag talar till er om det himmelska? Ingen har stigit upp till himlen utom den som kom ner från himlen, Människosonen som är i himlen." (3:12-13)

När Jesus undervisade i Guds Ord använde Han många bilder, som talenter, jordmån, vingård osv. Det beror på att det inte är lätt att förklara den andliga världen med den här världens språk. Men även om det var möjligt, visste Jesus att folket ändå inte skulle tro. Inte heller Nikodemus förstå ens efter att ha hört flera illustrationer vid olika tillfällen. Så hur skulle Jesus kunna tala till honom om himmelska ting? "Den som har kom ner från himlen" är Jesus. Varje person har blivit till och föds genom föreningen av deras föräldrars spermie och ägg. Men Jesus blev till genom den Helige Ande och därför kallas Han "den som kommit ner från himlen." I Bibeln står det att innan Jesus hade Hanok och Elia farit upp till himlen utan att dö. Men varför står det också, "Ingen har stigit upp till himlen, utom den som har stigit ner från himlen, Människosonen" och det handlar om Jesus?

Hanok och Elia är Adams avkomlingar precis som vi. Därför blev de födda med arvsynden. Även om de inte begick synder under sina jordeliv hade de fortfarande arvsynden de ärvt från sina föräldrar. Hur kunde de då uppstiga till himlen utan att dö? Hanok och Elia levde på det Gamla testamentets tid. Det var innan Jesus kom, och innan den Helige Ande kom som Hjälparen. Men med tro övervann de sin arvsynd. De tog kontroll över och övervann arvsynden i sina hjärtan med tro, och blev på så sätt fria från den andliga lag som säger "Syndens lön är döden." Genom detta kan vi se hur stor deras tro var.

Jesus, som å andra sidan blev till genom den Helige Ande, föddes inte med synd. Jesus kom in i den här världen för att dö på korset för att rädda oss från våra synder; sedan uppstod Han, och uppsteg till himlen, allt i enlighet med Guds försyn. Så vad detta skriftställe betyder är att det förutom Jesus inte finns någon som har stigit upp till himlen utan arvsynd eller begångna synder.

## Profetia om Jesu död på korset

"Och så som Mose upphöjde ormen i öknen måste Människosonen bli upphöjd, för att var och en som tror på honom ska ha evigt liv." (3:14-15)

Än en gång använde Jesus berättelsen om israeliternas uttåg ur Egypten för att hjälpa Nikodemus att förstå. Israeliterna som följde Mose ut ur Egypten såg Guds kraft. De fick uppleva alla slags mirakulösa händelser, som de tio plågorna i Egypten, Röda havet som delades och att det bittra vattnet i Mara förvandlades till sötvatten. Men varje gång de mötte en svårighet misslyckades de med att visa sin tro. I stället föraktade de Gud, som om de aldrig hade upplevt Hans kraft.

Trots att Gud hade befriat dem från 400 års hårt slaveri, glömde de helt bort nåden och klagade över att Han hade tagit dem "ut i öknen för att dö." De kallade till och med mannat, som Gud hade gett till dem att äta, för "eländig mat" och såg med förakt på Guds välsignelser (4 Mosebok 21:5). Och de höll fast vid att det hade varit bättre att få dö i Egypten, även om det innebar att de hade fått leva som slavar igen. Det ledde till att Gud vände bort sitt ansikte från dem och giftiga ormar kom och bet dem. Bara när de var vid dödens rand ångrade de sina handlingar och omvände sig.

När Mose bad för dem sade Gud till honom hur israeliterna kunde bli räddade från döden. Mose fick höra att han skulle göra en kopparorm och hänga upp den på en påle och sedan säga till dem som blivit bitna av ormarna att se upp på kopparormen för att få leva. Även om de bara hade så liten tro att lyda Mose och se upp på kopparormen ville Gud se det som tro, och rädda deras liv.

Andligt sett representerar en orm fienden djävulen och Satan och är också en symbol för döden. Eftersom ormen frestade Eva och fick hela mänskligheten att gå dödens väg är den en inkarnation av synd. Så varför sade Gud till Mose att göra en orm som symboliserar synd och död, och sätta upp den på en påle? Det är en skuggbild på Guds frälsningsförsyn: Jesu Kristi död på korset. Jesus skulle ta på sig hela mänsklighetens synd och dö på korset. Det är därför Gud sade till Mose att göra ormen som representerar synd och död, och sätta upp den på en påle. Och på samma sätt som alla som såg upp på kopparormen på pålen blev räddad från döden, blir den som tror på frälsningen genom korset räddad från evig död och får evigt liv.

Ibland frågar människor, "Eftersom Mose gjorde en bild i koppar och fick människor att se upp på den, kan inte det kallas avgudadyrkan?" Om du inte förstår Guds Ords andliga betydelse och Hans försyn, kan det hända att du missförstår det så. Men denna händelse vara bara ett sätt för Gud att ge en skuggbild för Jesu död på korset då Han skulle betala straffet för människans synd. Det var inte på något sätt någon form av tillbedjan av kopparormen.

### Guds kärlek som gav sin Enfödde Son

"Så älskade Gud världen att han utgav sin enfödde

Son, för att var och en som tror på honom inte ska gå förlorad utan ha evigt liv. Gud har inte sänt sin Son till världen för att döma världen, utan för att världen ska bli frälst genom honom." (3:16-17)

På många ställen i Bibeln står det, *"Älska inte världen"* (1 Johannes brev 2:15) men i den här versen står det att Gud älskade världen. Vad betyder det här? När Bibeln säger "Älska inte världen" betyder det att vi inte ska älska något som går emot Guds vilja, som laglöshet, osanning, och ett liv i synd. Det betyder att vi inte ska synda eller leva i mörkret utan leva genom Guds Ord och leva i Ljuset. När Bibeln säger, "Gud älskade världen" betyder det att Gud älskar människorna och allt som har med dem att göra.

Gud, som planerade den mänskliga kultiveringen för att kunna dela sin kärlek med dem, skapade den naturliga världen och i den här världen allt som människan behöver för att leva. Precis som nyblivna föräldrar med glädje förbereder allt för sitt nyfödda barn, förberedde Gud med glädje allt i skapelsen för människan som skulle skapas till Hans avbild. Eftersom Gud älskade människorna så mycket, älskade Han allt som Han hade skapat för dem också. Men när människan syndade och var tvungen att gå på vägen mot död, sände Gud sin Enfödde Son Jesus för att rädda dem från evig död.

En del misstar Gud för en hemsk Gud som dömer. Men det står tydligt i vers 17 att Gud inte sände Jesus för att döma världen utan för att frälsa den.

## Tro och evigt liv

"Den som tror på honom blir inte dömd. Men den som inte tror är redan dömd, eftersom han inte tror på Guds enfödde Sons namn. Och detta är domen: ljuset kom in i världen, men människorna älskade mörkret mer än ljuset eftersom deras gärningar var onda. Den som gör det onda hatar ljuset och kommer inte till ljuset, för att hans gärningar inte ska avslöjas. Men den som lever i sanningen kommer till ljuset, för att det ska bli uppenbart att hans gärningar är gjorda i Gud." (3:18-21)

Apostlagärningarna 4:12 säger, *"Hos ingen annan finns frälsningen, och under himlen finns inget annat namn som människor fått genom vilket vi blir frälsta."* Även om någon hyllas som helgon eller gör stora insatser för samhället, kan han eller hon inte rädda oss. Det enda sättet vi blir frälsta på är genom att ta emot Jesus Kristus i tro. Tro här handlar inte bara om att veta hur man blir frälst i våra huvuden. Tro betyder att man försöker bli mer som Kristus genom att leva efter Guds Ord, göra sig av med osanning och bli en sanningsenlig person.

Varför säger Skriften att de som inte tar emot Jesus Kristus som sin Frälsare redan är fördömda? Det beror på att det inte finns något annat namn än Jesus Kristus genom vilket vi blir frälsta, och de som inte tror på Honom lever inte i Ljuset och lever inte efter sanningen, och därför kan de inte bli frälsta. Om någon som inte har tagit emot Jesus Kristus dör i denna stund, måste han hamna i helvetet. Det är därför Skriften säger att dessa människor redan är dömda. Ibland när vi delar evangeliet möter vi människor som antingen tycker illa om kristna eller tycker synd om dem. De älskar mörker mer än Ljuset, och de vet inte vilken glädje och lycka man får när man tar emot den Helige Ande och hoppet om himlen, så därför tror de att det kristna livet är tråkigt. När Jesus såg igenom dessa människors hjärtan sade Han, "Den som gör det onda hatar ljuset och kommer inte till ljuset, för att hans gärningar inte ska avslöjas." Och motsatsen: människor som följer sanningen, som accepterar Herren och tar emot den Helige Ande försöker att leva ett liv som är fokuserat på att ära Gud. De gör det för att de vet att genom Gud kan alla deras problem lösas, och alla deras välsignelser kommer från Honom, och att de till sist kommer att komma till himlen.

# Den som kom ner från himlen

Där det finns vatten samlas människor och byar tar form. På samma sätt är det med människor som längtar och törstar efter rättfärdighet, de samlas där Guds Ord finns, vilket är livets vatten. När Jesus, som själv var Ordet, började sprida evangeliet om himlen och döpa var det helt naturligt att många människor samlades runt Honom. Det berodde på att Guds Ord var sött, som den som skrev Psaltaren skrev, *"Vad ljuvligt ditt ord är på min tunga, sötare än honung i min mun!"* (Psaltaren 119:103).

"Sedan gick Jesus med sina lärjungar till Judeen, och han var med dem där en tid och döpte. Även Johannes döpte, i Ainon nära Salim där det fanns gott om vatten, och folk kom dit och blev döpta. Johannes hade ännu inte blivit satt i fängelse. Då uppstod en diskussion om reningen mellan några av Johannes lärjungar och en jude. De gick till Johannes och sade: 'Rabbi, han som var med dig på andra sidan Jordan och som du vittnade om – nu döper han, och alla går till honom!'" (3:22-26)

Medan Jesus döpte, döpte även Johannes Döparen i Ainon, nära den västra sidan av Jordan där det fanns gott om vatten. Många av Johannes lärjungar började följa Jesus. När andra lärjungar till Johannes Döparen såg det kände de sig illa till mods. Fram till dess hade många människor sett upp till Johannes Döparen som en stor profet och följt honom. De var stolta över att vara hans lärjungar. Men situationen förändrades och fler började samlas kring Jesus som deras lärare hade döpt, och därför berättade de det för Johannes på ett missnöjt sätt.

"Rabbi, han som var med dig på andra sidan Jordan och som du vittnade om – nu döper han, och alla går till honom."

### "Han måste bli större och jag mindre."

"Johannes svarade: 'En människa kan inte ta sig något utan att det ges henne från himlen. Ni kan själva vittna om att jag sade: Jag är inte Messias, jag är sänd framför honom. Brudgum är den som har bruden. Men brudgummens vän står där och lyssnar till honom, och han gläder sig över brudgummens röst. Den glädjen är nu min helt och fullt. Han måste bli större och jag mindre."' (3:27-30)

Johannes lärjungar trodde att Johannes skulle förstå deras bekymrade hjärtan, men Johannes reaktion var inte som de väntat sig. Johannes vittnar om att det är för att det är Guds vilja, för att det är det enda rätta, som människor följer Jesus. Han sade sanningen till sina lärjungar.

Om vi tillämpar den här situationen på nutiden, hur skulle det bli då? Låt oss säga att det fanns människor som letade här och där för de var törstiga på Guds Ord. Skulle deras pastor oroa sig över att de kanske skulle börja gå till en annan församling och börja tala negativt om sin församling och sin pastor, då skulle den pastorns hjärta vara långt ifrån Johannes. Eller om vi hör någon säga något negativt om en annan person och vi börjar lyssna, då är vi inte annorlunda än Johannes lärjungar. Även om vi hör någon säga något negativt om en annan person ska vi inte bara hänga på; i stället borde vi upplysa de involverade om det negativa samtalet med hjälp av sanningen och göra oss av med mörkret i den situationen.

Eftersom Johannes Döparen visste vad Guds vilja var kunde han säga till sina lärjungar vad hans kallelse var och vad deras kallelse var. Och för att försäkra sig om att hans lärjungar inte blev besvikna använder han en illustration för att berätta vem Jesus är för dem. Huvudpersonen på ett bröllop är brudgummen som väntar på bruden. Därför fröjdar sig brudgummen vänner och välsignar brudgummen.

Johannes försöker förklara att nu när Jesus, brudgummen, har kommit är nu brudgummens vän, Johannes, väldigt glad. Trots att han hade döpt Jesus visste Johannes att Jesus var den som skulle frälsa sitt folk från synd, och att Jesus var den som hade stor makt. Det var därför det gav honom mer glädje att i stället lyfta upp Jesus och tjäna Honom. De flesta blir obekväma när andra är mer framgångsrika än de på något eller i någon situation. Men Johannes var inte sån. Han brydde sig inte om vad som hände med honom; han hade bara hoppet om att allt skulle gå bra med Jesus. Han ödmjukade sig själv genom att säga, "Han måste bli större och jag mindre." Johannes hjärta var av det slaget att det bara fröjdade sig över att någon annan blev mer älskad och erkänd än han själv.

### Vittnesbörd från den som kommer från ovan

"Den som kommer från ovan är över alla. Den som kommer från jorden är av jorden och talar utifrån jorden. Den som kommer från himlen är över alla. Han vittnar om det han har sett och hört, men ingen tar emot hans vittnesbörd. Den som tar emot hans vittnesbörd har bekräftat att Gud är sann." (3:31-33)

Johannes Döparen visste att Jesus var den som kom från ovan. Johannes vittnade om att den som skapat universum är Jesus, kungars Kung, herrars Herre och att Han är över allt. Johannes säger också att den som "kommer från jorden" är av jorden och talar utifrån jorden. Var är vi av då? Eftersom vi har tagit emot Jesus Kristus och blivit frälsta genom tro, har vi blivit Guds barn, och himmelska medborgare, och därför är vi av himlen.

Det är förstås så att även om vi skulle tro på Jesus men inte har tagit emot den Helige Ande än är vi fortfarande bara köttsliga människor och sådana som "är av jorden." En person som "är av jorden" hör Guds Ord men kan inte tro på det. Det var detsamma på Jesu tid. Jesus vittnade om vad Han hade sett och hört i himlen, men människorna trodde inte på Honom. De förföljde Honom hellre och försökte döda Honom.

Men de som har ett gott hjärta tar emot Hans vittnesbörd och Hans Ord. När de öppnar sina hjärtan och accepterar Jesus Kristus ger Gud dem den Helige Ande som en gåva och de får rätten att bli Guds barn. Så blir Gud Skaparen deras Far och de tar emot en visshet om att de är av himlen. Då kan de bekänna att Gud är sanningen och de lyder Hans Ord.

### Evigt liv och Guds vrede

"**Den som Gud har sänt talar Guds ord, för Gud ger Anden utan begränsning. Fadern älskar Sonen och har lagt allt i hans hand. Den som tror på Sonen har evigt liv. Den som inte lyder Sonen ska inte se livet, utan Guds vrede blir kvar över honom.**" (3:34-36)

Jesus som Gud sände, talade bara Guds Ord. Bara Guds Ord är sant och evigt. Gud gav Honom Anden utan begränsning och därför talade Han Guds Ord i den Helige Andes fullhet.

Samma ord kan tillämpas på oss i dag. Till dem som tar emot vittnesbördet, till dem som tror att Gud är sann, ger Gud Anden utan begränsning. De som därför accepterar Jesus

Kristus som sin Frälsare och blir översköljda av Guds nåd, vittnar om Gud och Jesus Kristus i den Helige Andes fullhet. Eftersom Gud Fadern älskade Sonen lade Han allt i Jesu händer. Jesus var fläckfri och ren, och Han var Gud själv; men, Han tog en tjänarens gestalt och kom till den här jorden och lydde ända till dödsögonblicket. Så hur kunde Gud inte älska Honom? Eftersom Han älskade Honom så mycket, lade Gud allt i Hans händer.

De som tror på denne Son lyder Hans ord och handlar i sanningen. Därför finns livet i dem och de går på vägen mot evigt liv. Men de som inte lyder Sonen kan inte se evigt liv, och i stället blir Guds vrede kvar över dem. Skriften säger att Guds vrede "blir kvar" över dem eftersom Guds vrede kunde lämna eller stanna kvar över människor beroende på om de omvände sig och lydde eller inte. Det är därför Skriften säger, "den som inte lyder Sonen ska inte se livet, utan Guds vrede blir kvar över honom." Men om dessa människor omvänder sig och vänder tillbaka till Gud, kommer Han förlåta dem och älska dem.

## Kapitel 4

# Jesu evangelisationsmetod

1. Jesu samtal med den samariska kvinnan
(4:1-26)

2. Jesus undervisar sina lärjungar
(4:27-42)

3. Det andra tecknet i Kana
(4:43-54)

# Jesu samtal med den samariska kvinnan

Vem du möter och när du möter dem kan utgöra en avgörande vändpunkt i ditt liv. I Johannes kapitel 4 kan vi se hur en samaritisk kvinnas liv förändrades helt och hållet efter att hon hade mött Jesus.

I det judiska samhället var de religiösa ledarna fariséerna och de laglärda inte glada över att Jesus predikade för folket. Allt ledarna gjorde var att leta efter möjligheter att fånga Jesus i en snara, på vilket sätt de än kunde. Ungefär på den tiden fick de höra att Jesus döpte fler människor än Johannes.

**Jesus tar vägen genom Samarien**

"När Jesus fick veta att fariseerna hade hört att han

fick fler lärjungar och döpte fler än Johannes – även om det inte var Jesus själv som döpte, utan hans lärjungar – lämnade han Judeen och vände tillbaka mot Galileen. Han måste då ta vägen genom Samarien." (4:1-4)

Även fast det inte var Jesus som var den som döpte spreds det ryktet ändå. Det var Jesu lärjungar som döpte, men folk kom ändå för att bli döpta. Då började fariséerna bli avundsjuka och frågade, "Vem är denne Jesus som döper?" Eftersom Han visste var som fanns i fariséernas hjärtan lämnade Jesus Judéen och återvände till Galileen för att undvika konfrontation med dem.

Det finns två vägar man kan ta från Judéen till Galileen. Den ena är en direkt rutt som börjar i Jerusalem och går genom Samariens område. Den andra rutten börjar från Jerusalem och går norrut längs med Jordanfloden, vilket är den längre och lite besvärligare vägen. Men judarna valde oftast den andra rutten. De hade sina orsaker.

Grundläggande är samarier också Abrahams efterkommande. Efter att assyrierna tillfångatog nordriket Israel år 722 f Kr tog de många människor tillfånga och flyttade in många främlingar i regionen. Då började israeliterna i Samarien som blivit kvarlämnade gifta sig med främlingarna och förlorade den rena blodslinjen som israeliter. Så en samarier hade blandad härkomst, född av en israelitisk och en icke-israelitisk förälder.

Men när sydriket Juda blev tagna som fångar till Babylon blev judarna där också tvingade med våld att flytta, men de beblandade sig inte med andra folkgrupper. Och under

Nehemjas tid påbörjades ett omfattande arbete bland de judar som återvände till sitt hemland Juda för att återta sitt arv. De judar som hade gift sig med en främmande kvinna och fått barn, tvingades sända tillbaka den främmande kvinnan och barnet till kvinnans hemland, så att den rena blodslinjen från Jakob kunde bestå. Så stark är det judiska folkets etniska stolthet, och det ledde till att de behandlade samarier som hundar och inte tyckte om att umgås med dem.

Efter att judarna hade tvångsflyttat människorna och var igång med att bygga upp sitt tempel i Jerusalem igen, var samarierna ett konstant störningsmoment och de hindrade judarnas återuppbyggnadsprojekt så mycket att de två nationerna blev fiender. Så för en jude att ens sätta sin fot på samariernas område var förkastligt och när de gick från Judéen till Galileen föredrog de den långa vägen runt Samarien. Men Jesus, som enbart hade kärlek och ingen ondska i sitt hjärta bestämde sig för att gå igenom Samariens område.

### Den samariska kvinnan som mötte Jesus

"och han kom till en samarisk stad som heter Sykar, nära den mark som Jakob gav till sin son Josef. Där fanns Jakobs brunn. Jesus, som var trött efter vandringen, satte sig där vid brunnen. Det var omkring sjätte timmen. Då kom en samarisk kvinna för att hämta vatten. Jesus sade till henne: 'Ge mig lite att dricka.' Hans lärjungar hade gått bort till staden för att köpa mat. Den samariska kvinnan sade till honom:

'Hur kan du som är jude be mig, en samarisk kvinna, om något att dricka?' Judarna umgås nämligen inte med samarierna." (4:5-9)

När Jesus gick i genom Samarien kom Han till en stad som hette Sykar. Jakobs brunn fanns där (den brunn som Jakob grävde för sin son Josef). Du kanske tänker, "Vad är det som är så speciellt med en liten brunn att den har fått ett eget namn till minne av den?" Mellan april och oktober regnar det knappt alls i Israel. Därför är vatten väldigt viktigt för den här nationen och därför är brunnar väldigt värdefulla i Israel.

Det står att Jesus satte sig ner vid brunnen eftersom Han var trött efter vandringen, men det har skrivits utifrån Hans lärjungars perspektiv. Eftersom de själva var trötta antog de att Jesus också var trött.

Medan Jesus vilade sig gick lärjungarna in i staden för att köpa lite mat. Omkring då kom en samarisk kvinna för att hämta vatten från brunnen. Det var mitt på dagen och kvinnan förväntade sig inte att träffa så många människor. Då såg hon en främling vila vid brunnen. Han såg ut som en jude så hon undrade varför Han tog vägen genom Samarien.

Jesus bad kvinnan om något att dricka. Kvinnan blev chockad. Hon blev chockad eftersom en jude vanligtvis behandlar en samarier som om han sett en insekt. För att säga det kort, judar umgicks aldrig med samarier. Men denne talade till henne! I själva verket hade Jesus tagit vägen genom Samarien på vägen till Galileen för att det var Guds vilja – för att sprida evangeliet till Samarien. Att lärjungarna hade gått in i staden och kvinnan var på väg ut till brunnen i samma ögonblick var

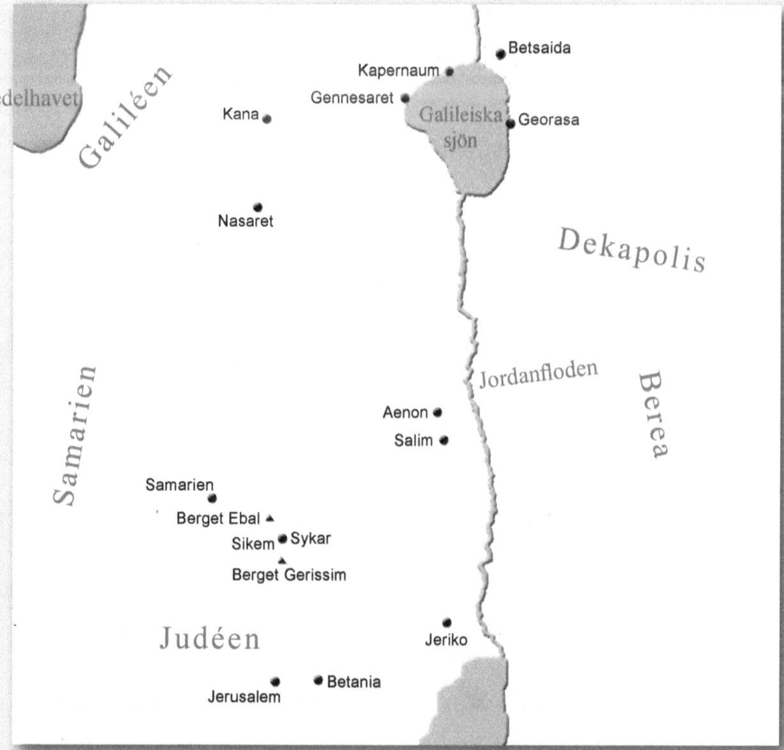

:: Samarien och omgivningarna

:: Jakobs brunn, vid foten av berget Ebal i norra Sikem

inte en tillfällighet. Allt var lett av Gud.

## "Är du större än vår far Jakob?"

"Jesus svarade henne: 'Om du kände till Guds gåva och vem det är som ber dig: Ge mig lite att dricka, då skulle du ha bett honom, och han hade gett dig levande vatten.' Hon sade: 'Herre, du har ingen kruka och brunnen är djup. Så varifrån får du det levande vattnet? Är du större än vår far Jakob? Han gav oss brunnen och drack ur den själv, likaså hans söner och hans boskap.'" (4:10-12)

Till kvinnan som inte kan dölja sin förvåning delar Jesus med sig av Guds gåva och sig själv. Här handlar "Guds gåva" om den Helige Ande. Som det står i Apostlagärningarna 2:38, *"Omvänd er och låt er alla döpas i Jesu Kristi namn, så att era synder blir förlåtna. Då får ni den helige Ande som gåva."*

Jesus förklarar att om hon visste att Han som bad henne om vatten var Frälsaren, skulle hon be Honom om att få den Helige Ande och det levande vattnet. Men eftersom hon inte vet, frågar hon inte. Så Jesus försöker tala med henne om den sanningen. Men utan att förstå den djupare betydelsen av vad Han säger gensvarar hon utifrån vad hon kan förstå av den fysiska situation och frågar, "Herre, du har ingen kruka och brunnen är djup. Så varifrån får du det levande vattnet?" Jesus talade om den Helige Ande och det eviga livets vatten. Men kvinnan förstod inte den andliga innebörden bakom Hans Ord, och därför frågade hon så. Hon liknade Nikodemus, som inte heller förstod den andliga innebörden av att bli "född på nytt." Då frågar kvinnan plötsligt Jesus om Han är större än Jakob. Eftersom Jesus sade att Han kunde ge henne levande vatten, jämförde hon Honom med sin förfader Jakob, som gav sitt folk brunnen att hämta vatten från. Det var för att kvinnan ansåg att hennes förfader Jakob var en stor person. Om hon hade vetat att personen framför henne var Frälsaren skulle hon ha svarat på ett annat sätt.

## Det vatten jag ger är det eviga livets vatten

"Jesus svarade henne: 'Den som dricker av det här vattnet blir törstig igen. Men den som dricker av det vatten jag ger honom ska aldrig någonsin törsta. Det vatten jag ger blir en källa i honom med vatten som flödar fram till evigt liv.' Kvinnan sade till honom: 'Herre, ge mig det vattnet, så att jag slipper bli törstig och gå hit och hämta vatten.'" (4:13-15)

Vatten är en livsnödvändighet. Kvinnan kom alltid till brunnen för att hämta vatten, men efter att ha druckit vattnet var hennes törst bara släckt en liten tid, och efter ett tag skulle hennes törst komma tillbaka. Men eftersom Jesus säger att Han skulle kunna ge henne vatten som gör att hon aldrig mer törstar är det underbara nyheter! Jesus får kvinnan att förstå med hjälp av det allra viktigaste i livet, och det hjälper henne att öppna sitt hjärta.

Bara då inser kvinnan att det vatten Jesus talar om inte är samma som det vatten hon tänker på. Eftersom Jesus sade, "men den som dricker av det vatten jag ger honom ska aldrig någonsin törsta" tänkte kvinnan, "Åh, han måste tala om något annat nu." Den som ger henne detta budskap verkar säga sanningen till henne och hon måste ha tänkt i sitt hjärta, "Jag förstår inte helt, men jag borde lära mig från honom och tro på vad han säger." Så hon sade till Jesus, "Herre, ge mig det vattnet, så att jag slipper bli törstig och gå hit och hämta vatten."

"Han sade: 'Gå och hämta din man och kom hit.' Kvinnan svarade: 'Jag har ingen man.' Jesus sade: 'Det stämmer som du säger att du inte har någon man. Fem män har du haft, och den du har nu är inte din man. Det du säger är sant.'" (4:16-18)

Kvinnan ber Jesus om det eviga livets vatten. Men Jesus ger henne inte det vatten Han erbjöd. I stället säger Han till henne att hämta sin man. Det var väldigt märkligt för kvinnan. Hon sade, "Jag har ingen man."

Sedan säger Jesus något som om Han redan visste allt, att hon har haft fem män. Det faktum att en fullständig främling känner till hennes förflutna chockerade henne ännu mer. Kvinnan hade verkligen haft fem män, precis som Jesus hade sagt. Och i livets turbulens hade hon träffat den som hon var med för närvarande, men denne man kunde inte ge henne sann kärlek och glädje.

Kvinnan visste mycket väl att hon inte kunde förvänta sig

en sådan kärlek från någon människa. Därför väntade hon på Messias, som profetiorna i Gamla testamentet hade sagt henne – den sanne brudgummen som skulle rädda henne och vara med henne för evigt. Och eftersom hon inte hade mött Messias än, bekände hon att hon inte hade någon man. Eftersom Jesus såg hennes hjärta bekräftade Han hennes ord. "Det stämmer verkligen att du inte har någon man."
I stället för att tillrättavisa henne och säga, "Varför ljuger du? Är inte den man du lever med nu din man?" Han tar henne på orden och accepterar det. Och sedan säger Jesus till henne, "Gå och hämta din man och kom hit." Han försöker inte gräva i hennes förflutna. Han försöker lösa det allra viktigaste problemet i hennes liv. Och eftersom Han var väl medveten om vad som fanns i hennes hjärta och hennes omständigheter, säger Han, "Det du säger är sant."

"Jag förstår att du är en profet"

"Kvinnan sade: 'Herre, jag förstår att du är en profet. Våra fäder har tillbett på det här berget, men ni säger att platsen där man ska tillbe finns i Jerusalem.'" (4:19-20)

Eftersom en främling hon aldrig tidigare mött och aldrig tidigare talat med, visste vad som fanns i hennes hjärta och hennes omständigheter, var hon skakad och förvånad och hon förstod att det inte var en vanlig människa hon talade med. Hon var ganska säker på att Han var den profet som hon hade hört talas om från andra människor, eller från hennes förfäder. Så när hon kallade Jesus för Herre, försökte hon visa Honom respekt trots att hon omöjligt hade kunnat föreställa sig att personen framför henne var Messias. Men genom att helt enkelt tänka om Honom som profet, ställer hon en fråga till Honom som hon alltid har varit nyfiken på, en fråga som handlar om var man skulle tillbe.

På den här tiden tillbad judar i templet i Jerusalem medan samarierna tillbad i templet på toppen av berget Gerissim, på deras område. Under kung Rehabeams tid delades Israel i två riken, nord- och sydriket. Och Jerobeam som var kung i nordriket Israel byggde altaren på höga platser för att göra så att folket inte gick till Jerusalem. Eftersom hon hade hört talas om dessa historiska fakta var hon nyfiken på att höra var den rätta platsen för tillbedjan var.

"Tro mig, kvinna"

"Jesus svarade: 'Tro mig, kvinna, det kommer en tid när det varken är på det här berget eller i Jerusalem som ni ska tillbe Fadern. Ni tillber vad ni inte känner. Vi tillber vad vi känner, eftersom frälsningen kommer från judarna.'" (4:21-22)

Platsen för tillbedjan är väldigt viktig för Israels folk. Templet är där Guds närvaro är, och därför är det avskilt och heligt. Judarna trodde att templet var universums center. Men viktigare än platsen för tillbedjan, är hur vi tillber – med vilket hjärta vi tillber. Gud har behag till människor som handlar i godhet och som tillber Gud med sann kärlek till Gud eftersom Han inte tar emot tillbedjan från de som tillber med ondska i sina hjärtan.

Den samariska kvinnan hade inte korrekt kunskap om Gud och Messias, och därför kunde hon inte tillbe på rätt sätt. Samarien hade förlorat sin kulturella identitet och blivit ett polyteistiskt samhälle där avgudadyrkan var vanlig, och därför hade kvinnan inte rätt kunskap om Gud. Om hon hade haft rätt information om Gud och Messias, skulle hon förmodligen ha känt igen mannen framför henne, att Han var Messias.

Människor som verkligen vördade Gud kunde snabbt känna igen om Jesus som Messias. De visste också – precis som de gamla profeterna hade profeterat – att frälsningen skulle komma från Davids släkt; någon född i Betlehem, i Juda land. Det är därför som Jesus sade till kvinnan, "Ni tillber vad ni inte känner. Vi tillber vad vi känner, eftersom frälsningen kommer från judarna."

## "Men det kommer en tid när sanna tillbedjare ska tillbe Fadern i ande och sanning"

"Men det kommer en tid, och den är redan här, när sanna tillbedjare ska tillbe Fadern i ande och sanning. Sådana tillbedjare vill Fadern ha. Gud är ande, och de som tillber honom måste tillbe i ande och sanning." (4:23-24)

Tillbedjan är det sätt som vi uttrycker vördnad och beundran inför Gud. Det är att lovsjunga och ära Gud och på så sätt lyfta upp Hans heliga namn. Människan behöver tillbe Gud för att Gud har skapat universum för människan, och Han har också sänt sin Enfödde Son, Jesus Kristus, för att frälsa människan från synd.

Men Gud tar inte emot vilken tillbedjan som helst. Det kan vi förstå genom Kains och Abels tillbedjan. Abel gav ett offer till Gud från det förstfödda av lammen och fettet, medan Kain offrade sådant som kommit från åkerjorden. Kain tillbad Gud i köttet, på det sätt han trodde var rätt sätt att tillbe. Abel å andra sidan, tillbad Gud i ande, i enlighet med Guds vilja, och använde blod som offer. Gud accepterade bara Abels tillbedjan.

Så vad betyder det egentligen att tillbe i ande? Vilken slags tillbedjan accepterar Gud? Det är att offra tillbedjan till Gud i ande och i sanning. Att tillbe i ande betyder att man tar till sig de 66 böckerna i Bibeln som näring efter hur den Helige Andes leder och att tillbe från centrum av ens hjärta. När vi tillber Gud på det här sättet kommer Gud acceptera vår tillbedjan och beskydda oss från olyckor, sjukdomar och faror. Han kommer också välsigna våra företag och arbetsplatser.

Jesus gav den samariska kvinnan ett svar hon inte hade väntat sig när Han talade om andlig tillbedjan. Han talade om en tid som kommer när vi kommer att tillbe i ande och sanning. Denna "tid" som Jesus nämnde handlar om den tid efter att Jesus uppstått och uppstigit till himlen, vilket är från den stund den Helige Ande kommer, till dess att Jesus kommer tillbaka på skyarna. Men kvinnan kunde inte helt förstå vad det betydde att tillbe i ande och sanning.

## "Det Är Jag, den som talar med dig"

"Kvinnan sade till honom: 'Jag vet att Messias ska komma, han som kallas Kristus. När han kommer ska han berätta allt för oss.' Jesus sade till henne: 'Det Är Jag, den som talar med dig.'" (4:25-26)

Den samariska kvinnan längtade ivrigt efter den Messias som hennes förfäder och profeterna i Gamla testamentet hade talat om. Men hon visste inte vem Han var. Inte ens judarna, som hävdade att de kunde lagarna, förstod inte att Messias skulle bli världens Frälsare; de trodde helt enkelt att han skulle bli någon slags kung som skulle rädda dem från romarrikets förtryck.

Jesus berättar en hemlighet för henne som gör henne helt överraskad. Att Han själv är Messias. "Det Är Jag, den som talar med dig."

Med lager av smärta och lidanden djupt i sitt hjärta hade denna kvinna väntat på denna Messias. Nu när Han stod rakt framför hennes egna ögon måste hon ha blivit så upprymd! Alla hennes tvivel försvann som i en vindfläkt, på ett enda ögonblick. Utan ett uns av tvivel trodde hon på Jesu ord.

# Jesus undervisar sina lärjungar

Hur lång tid hade gått? Medan Jesus delade evangeliet med den samariska kvinnan återvände Hans lärjungar efter att ha varit iväg och köpt mat. De visste att Jesus inte kände någon i Samarien. Men de såg Honom tala med en kvinna som om Han hade känt henne väldigt länge.

"Just då kom hans lärjungar. De blev förvånade över att han talade med en kvinna, men ingen frågade vad han ville henne eller varför han talade med henne." (4:27)

Lärjungarna tyckte det var märkligt att Jesus talade med en samarisk kvinna, men ingen frågade Honom rakt ut vad Han gjorde. Efter att ha sett Jesus dagligen visste de nämligen att

Hans Ord och gärningar alltid stämde överens med sanningen och att det inte fanns något osant eller bedrägligt i Honom. Därför kunde ingen av dem direkt säga att det Han gjorde var "rätt" eller "fel." Judar umgicks inte med samarier, men de visste att om Jesus talade med en samarisk kvinna fanns det en orsak till det. Det var därför de inte ifrågasatte Honom. Men om lärjungarna hade haft ett gott hjärta utan någon dömande eller fördömande attityd, skulle de förmodligen inte ens ha blivit "förvånade." Varje person bestämmer vad som är rätt och fel utifrån hans egen kunskap, utbildning, erfarenhet och vishet. När något inte stämmer överens med hans egna tankar kan han lätt döma och fördöma. Men den kunskap, teorier och erfarenhet man har är inte alltid sanningen, så därför kommer ens bedömning alltid vara fel.

### Den samariska kvinnan evangeliserar

"Kvinnan lämnade sin vattenkruka och gick in i staden och sade till folket: 'Kom så får ni se en man som har sagt mig allt jag har gjort. Han kanske är Messias?' Då gick de ut ur staden och kom till honom." (4:28-30)

På grund av glädjen över att möta Messias, glömde hon bort varför hon var vid brunnen, och lämnade sin vattenkruka och skyndade sig in i staden. Varför behövde hon inte vattenkrukan längre? Nu när hon hade mött Jesus, som är det eviga livets vatten – det eviga livet själv, hade hennes inställning förändrats helt och hållet! Med en ny glöd i ögonen berättade hon för alla att mannen som hon aldrig tidigare hade träffat visste allt om hennes förflutna och att Han var den Messias som de alla hade väntat på.

"Kom så får ni se en man som har sagt mig allt jag har gjort. Han kanske är Messias?" Dessa ord var tillräckliga för att väcka stadens nyfikenhet.

## Min mat är att göra Hans vilja

**"Under tiden bad lärjungarna honom: 'Rabbi, ät!' Men han sade till dem: 'Jag har mat att äta som ni inte känner till.' Lärjungarna sade till varandra: 'Det är väl ingen som har kommit med mat till honom?' Jesus sade: 'Min mat är att göra hans vilja som har sänt mig och att fullborda hans verk.'" (4:31-34)**

Medan den samariska kvinnan sprang in i staden uppmanade Jesu lärjungar Honom att äta av den mat de hade tagit med sig. Men Jesus sade till dem att Han har mat att äta. "Jag har mat att äta som ni inte känner till."

Först verkar det som att Jesus tackar nej till den mat som lärjungarna jobbat så hårt för att få tag på, men så är det inte. Jesus använde det här tillfället när de alla var hungriga till att lära dem något om "andlig mat" på ett sätt som skulle få fäste i deras hjärtan. Men de förstod inte sin lärares avsikter och tolkade Hans Ord på sitt eget sätt. Då frågade de varandra, "Det är väl ingen som har kommit med mat till honom?"

Lärjungarna, vars andliga ögon ännu inte hade öppnats, talade om mat för kroppen, medan Jesus talade om andlig mat som ger evigt liv. Jesus säger att andlig mat är att göra Guds vilja och fullborda Hans verk. Vad är då Guds vilja och Guds verk? I 1 Tessalonikerbrevet 5:16-18 står det, *"Var alltid glada, be utan uppehåll och tacka Gud i allt. Detta är Guds vilja med er i Kristus Jesus."* Och i 1 Tessalonikerbrevet 4:3 står det, *"Detta är Guds vilja: att ni helgas..."* Så att vara glad, be, att alltid tacka, och att helga våra hjärtan, det är Guds vilja. Att handla efter Guds Ord är även det Guds vilja, och att till exempel älska varandra, bevara friden med andra och förlåta, som också är Guds vilja.

Och vad är Guds verk? Det är att tillbe, evangelisera, överlåta sig till att tjäna för att uppfylla Guds rike. Men även om vi gör mycket av Guds verk gör vi inte Guds vilja om vi tjänar med ondska i våra hjärtan och fortsätter i synd, och därför blir det vi gör förgäves. Gud letar efter ett rent, gott och sanningsenligt hjärta. När vi gör Guds verk måste vi göra det i enlighet med Hans vilja. Bara då kan våra hjärtan bli fyllda av glädje och den Helige Andes fullhet; och det leder till att vi kan ta emot de svar som våra hjärtan längtar efter.

### Den som sår och den som skördar

*"Säger ni inte: fyra månader till, sedan kommer skörden? Men se, jag säger er: Lyft blicken och se hur fälten har vitnat till skörd. Redan nu får den som skördar sin lön. Han samlar in frukt till evigt liv, så

att den som sår och den som skördar får glädja sig tillsammans." (4:35-36)

Efter att ha talat med sina lärjungar om andlig mat, fortsätter Han med att ge en illustration av "skörden", och talar om den som sår och den som skördar. En del gröda växer snabbare och kan skördas fortare än andra beroende på vilket frö det är, andra tar längre tid på sig. Och varför tror du att Jesus sade, "Fyra månader till, sedan kommer skörden"?

För det mesta har ord och nummer i Bibeln en djup andlig betydelse, så vi måste se till att vi försöker förstå det utifrån den Helige Andes fullhet. I 2 Petrusbrevet 3:8 står det att, *"... för Herren är en dag som tusen år och tusen år som en dag";* och i Daniel 9:27 står det också att en dag räknas som ett år och sju år räknas som en vecka. Därför betyder "fyra månader" i det här fallet fyra tusen år.

Från den tiden då den första människan Adam syndade och blev utestängd från Edens lustgård, fram till den tid då Abraham blev trons fader, och till den tid då Jesus kom till den här jorden, har det gått ungefär fyra tusen år. Från den tid då Gud började kultivera människan för att få sanna barn, till den tid då Jesus vår Frälsare kom, har fyra tusen år passerat.

Från det att Jesus kom har processen av att skörda de kultiverade själarna börjat. På grund av att Jesus återlöste mänskligheten från deras synder, blir de som tar emot Honom förlåtna deras synder och frälsta genom tro. Så "Fyra månader till, sedan kommer skörden" betyder att fyra tusen år efter den mänskliga kultiveringen, har frälsningsvägen öppnats genom vår Herre Jesus Kristus.

Så vilka är "de som sår" och vilka är "de som skördar"? En av de som sår är Gud, som sände sin Son Jesus till denna värld. En annan som sår är Jesus, som blev ett vetekorn genom att dö på korset och öppnade vägen till frälsning. Och vi, Guds barn, är skördemännen som får skörda dessa själar som redan har vitnat till skörd. Med andra ord, som de som skördar, kan leda många själar till vägen till frälsning.

"Redan nu får den som skördar sin lön" betyder att den som skördar redan har fått ta emot frälsningen genom tro. Efesierbrevet 2:8 säger, *"Av nåden är ni frälsta genom tron, inte av er själva. Guds gåva är det."* Och i Romarbrevet 3:24 är det skrivet, *"och de förklaras rättfärdiga som en gåva, av hans nåd, därför att de är friköpta av Kristus Jesus."*

Frälsning är en gåva från Gud. Trots att vi skulle ha mött evig död på grund av våra synder har vi, genom tro på Jesus Kristus, fått ta emot "lönen", eller den underbara frälsningsnåden. Det är därför vi arbetar hårt för att dela med oss av evangeliet; så att andra människor också kan ta emot evigt liv tillsammans med oss. Det är att "samla in frukten till evigt liv."

Och när vi – utifrån tacksamhet över den frälsnings nåd vi har fått – uthålligt delar med oss av evangeliet och skördar frukter, fröjdar sig Gud i himlen (Lukas 15:7). Vi, de som sprider evangeliet, fröjdar oss också med Honom. I 3 Johannes brev 1:3 talar Johannes om denna glädje, *"Jag blev mycket glad när bröderna kom och vittnade om den sanning som finns hos dig, hur du lever i sanningen."*

"Här stämmer ordet att en sår och en annan skördar.

Jag har sänt er att skörda där ni inte har arbetat. Andra har arbetat, och ni har gått in i deras arbete." (4:37-38)

Många människor skördar vad Jesus har sått; men det är inte frukten av vårt arbete eller vårt offer. Det är ett resultat av att Jesus dog på korset. Många av Jesu lärjungar och andra dödades också medan de spred evangeliet. Även under Gamla testamentets tid fanns det profeter – som utifrån kärleken till Gud – försökte leda sitt folk till sanningens väg, men som blev förföljda. Det är de människorna som har sått. Aposteln Paulus sade, *"Jag planterade, Apollos vattnade, men Gud gav växten"* (1 Korintierbrevet 3:6). Vem som helst kan vattna och skörda, men profeterna, Jesus och Jesu lärjungar var de som sådde. Men det betyder inte att det inte finns någon som sår i dag. Gud sår fortfarande genom vissa tjänare som Han bekräftar. Men de flesta människorna i dag vattnar bara och skördar vad som redan har såtts.

### Många samarier tror på Jesus

"Många samarier från den staden kom till tro på honom genom kvinnans ord, när hon vittnade: 'Han har sagt mig allt jag har gjort.' När samarierna kom till honom bad de att han skulle stanna kvar hos dem, och han stannade där två dagar. Många fler kom till tro på grund av hans ord, och de sade till kvinnan: 'Nu tror vi inte bara på grund av vad du har sagt. Vi har själva hört, och vi vet att han verkligen är världens Frälsare.'"

(4:39-42)

Medan Jesus undervisade sina lärjungar om den andliga världen gick den samariska kvinnan in i staden och, med sin allra upprymdaste ton berättade för alla att hon hade mött Messias. Efter att ha hört kvinnans vittnesbörd kom många samarier till tro på Jesus. En del antar att eftersom den samariska kvinnan hade haft fem män, var hennes liv inte särskilt exemplariskt. De säger också att orsaken till att hon gick till brunnen mitt på dagen var för att undvika kontakt med andra människor. Om det antagandet stämmer skulle hon blivit förlöjligad av människorna i staden, och de skulle säkert inte ens ha lyssnat på henne. Och när hon ropade, "Kom så får ni se!" skulle de förmodligen inte ha brytt sig om vad hon sa. Men det viktiga här är att människorna i staden litade på vad kvinnan sade och trodde på henne.

Av det här kan vi se att människorna i staden såg henne som en av dem och litade på henne. Det var därför hennes evangelisation var mer effektiv, och folket trodde på vad hon sade. Som ett resultat av den här kvinnans vittnesbörd accepterade många människor Jesus som deras Frälsare. Och efter att ha tagit emot Guds nåd bad de att Jesus skulle stanna kvar hos dem lite längre så att de kunde få höra på Hans Ord. När Jesus ser folkets goda och uppriktiga hjärta stannar Han kvar och förkunnar evangeliet för dem.

Sedan sade folket till kvinnan, "Nu tror vi inte bara på grund av vad du har sagt. Vi har själva hört, och vi vet att han verkligen är världens Frälsare." Först trodde de för vad kvinnan hade sagt, men efter att ha mött Jesus och lyssnat till Hans Ord, kunde de nu verkligen tro från deras hjärtans centrum att Han verkligen var den Messias som skulle komma och frälsa dem.

# Det andra tecknet i Kana

Vilken fantastisk välsignelse det var att så många människor i Sykar kom till tro på Jesus genom en enda samarisk kvinna! På grund av folkets uppriktiga längtan efter sanningen stannade Jesus hos dem och förkunnade evangeliet under två dagar innan Han gick vidare till Galileen.

**Varför en profet inte blir erkänd i sin egen hemstad**

"Efter dessa två dagar gick Jesus därifrån till Galileen. Han hade själv vittnat om att en profet inte blir erkänd i sin hemtrakt. När han nu kom till Galileen tog galileerna emot honom, eftersom de hade sett allt som han gjorde i Jerusalem vid högtiden. De hade själva varit där vid högtiden." (4:43-45)

Från Samarien gick Jesus raka vägen till Galileen utan att stanna till i Nasaret, sin hemtrakt. Folket i Hans hemtrakt hade nämligen förkastat Jesus. En gång när Jesus undervisade folket i Nasaret kände de sig överbevisade i sina hjärtan och försökte driva ut Honom ur deras stad. Inte bara det, de tog Honom till och med till branten på berget för att kasta ner Honom (Lukas 4:16-30).

Folket förkastade Jesus eftersom de inte kunde förstå hur någon som vuxit upp med dem och som var en enkel snickares son kunde vara deras Messias eller profet (Matteus 13:53-58). De kunde inte se alla tecken Han gjorde med andliga ögon; de såg bara på Honom med sina fysiska ögon.

Men Jesus blev välkomnad på alla andra platser. Särskilt människorna som bodde längs Galileen välkomnade Jesus. Efter att ha sett alla tecken och under som Jesus gjort i Jerusalem under påskhögtiden, visste dessa galiléer att Han inte var en vanlig människa.

### En kunglig ämbetsman kom för att besöka Jesus

"Så kom han tillbaka till Kana i Galileen där han hade gjort vattnet till vin. En kunglig ämbetsman hade en son som låg sjuk i Kapernaum. När han fick höra att Jesus hade kommit från Judeen till Galileen, gick han till honom och bad att han skulle komma ner och bota hans son som var döende." (4:46-47)

När Jesus kommer till Galileen går Han till Kana, en by i Galileen. Det är den plats där Jesus gjorde sitt första tecken då Han förvandlade vatten till vin (Johannes kapitel 2). En kunglig ämbetsman hos kung Herodes hörde att Jesus kom till Kana och hade rest hela vägen från Kapernaum för att besöka Honom. Hans son var sjuk och låg för döden. Kapernaum ligger omkring 32 km från Kana; inte ett lätt avstånd att gå fram och tillbaka. Som kungens ämbetsman kunde han ha fått sin son behandlad av de bästa läkarna på den tiden. Och vid den tiden hade Jesus blivit anklagad för att vara "demonbesatt" av översteprästerna, de skriftlärda och andra ledarna.

Men denne man har hört talas om de tecken och under som Jesus hade gjort; att förvandla vatten till vin, och att bota sjuka. Därför kom han till Jesus med ett rent, troende hjärta. Han trodde uppriktigt att Jesus skulle bota hans son, så han bad Jesus att komma och bota hans son.

**"Jesus sade till honom: 'Om ni inte får se tecken och under, tror ni inte.' Ämbetsmannen sade: 'Herre, kom innan mitt barn dör!'" (4:48-49)**

Den kungliga ämbetsmannen är i en akut situation där hans son kan dö vilken minut som helst. Men i stället för att följa med honom direkt säger Jesus, "Om ni inte får se tecken och under, tror ni inte." Som en man fylld av oro och fruktan för sin son kunde han förmodligen inte ens förstå dessa ord. "Herre, kom innan mitt barn dör!"

Det händer ofta att människor runt omkring oss öppnar

sitt hjärta och accepterar Herren utan att se några tecken eller under. Men utan att få uppleva tecken och under är det väldigt lätt för dem att ha tro som är baserad på deras kunskap, vilket är tro baserad på kött. Men människor som får uppleva Guds tecken och under förstår å andra sidan att när Gud griper in kan allt hända, och därför får de sann tro, eller andlig tro. Därför är dessa människor mer redo att leva i enlighet med Guds Ord.

Det finns förstås personer som tvivlar fastän de har sett tecken och under ske mitt framför sina ögon, men människor med goda hjärtan växer i tro när de ser Guds tecken och under. Det var därför Jesus gjorde tecken och under var Han än gick.

Den kungliga ämbetsmannen hade ett gott hjärta – därför trodde han på alla nyheter om Jesu tecken; men han hade inte sann tro. Vi kan se det eftersom han ber Jesus komma innan hans son dör.

Om han verkligen hade trott på Gud den Allsmäktige som till och med kunde väcka upp döda, han skulle inte oroa sig även om hans son dog. Det är den begränsning som en tro baserad på kunskap har. Det finns en punkt då en person med köttsligt baserad tro som har hört om Guds allsmäktiga kraft inte kan visa mer tro. Bara när han bryter sig förbi denna punkt kan han få uppleva miraklet i enlighet med hans tro. Det är sann tro som gör att man kan se Guds härlighet. Det är därför Jesus säger, *"Om du kan? Allt är möjligt för den som tror,"* (Markus 9:23) och *"Gå. Så som du trott ska det ske för dig"* (Matteus 8:13).

## Jesus gör ett omedelbart helande med sina Ord

"Jesus svarade: 'Gå, din son lever.' Då trodde mannen det ord som Jesus sade till honom och gick. Medan han ännu var på väg, möttes han av sina tjänare som berättade att hans son levde. Han frågade vid vilken tid han hade blivit bättre, och de svarade: 'I går vid sjunde timmen släppte febern.'" (4:50-52)

Jesus skyllde inte på den kungliga ämbetsmannens för hans kunskapsbaserade tro. I stället såg Han mannens uppriktighet i det att han rest hela vägen från Kapernaum. Han svarade honom på hans begäran.

"Gå, din son lever." Han såg inte själv att sonen hade blivit bättre, men i tro på Jesu Ord återvände han till Kapernaum. Medan han var på väg hem såg han välbekanta ansikten längre bort. Hans tjänare som borde ha varit hemma för att ta hand om hans son sprang emot honom.

De sprang emot honom för att berätta för honom att hans son var frisk. Ämbetsmannen hade trott på Jesu Ord, men så överväldigande och lycklig han måste ha varit när han på det här sättet fick höra att hans son var frisk! Han lugnade ner sig och frågade hur det var med sin son, och frågade vilken tidpunkt som hans son hade blivit bättre. Han fick höra att hans son, som hade varit nära döden på grund av hög feber, hade blivit bättre i den stund då Jesus hade sagt "Gå, din son lever."

"Då förstod fadern att det hade hänt vid just den

tid då Jesus sade till honom: 'Din son lever.' Och han kom till tro med hela sin familj. Detta var nu det andra tecknet som Jesus gjorde sedan han kommit från Judeen till Galileen." (4:53-54)

Om den kungliga ämbetsmannen hade tvivlat även efter att ha hört Jesu Ord, skulle hans son förmodligen inte blivit helad. Men eftersom han visade sin tro genom sina handlingar ända till slutet, fick han uppleva sin sons mirakulösa helande, likväl som att ta emot välsignelsen att se hela sin familj komma till tro på Jesus. Efter tecknet med att förvandla vatten till vin, var botandet av den kungliga ämbetsmannens son det andra tecknet Jesus gjorde i Kana.

På det sättet är det möjligt att ha tro för det omöjliga. Jesus sade, *"Därför säger jag er: Allt vad ni ber om och begär, tro att ni har fått det, så ska det bli ert"* (Markus 11:24). Detta skriftställe säger inte, "Tro att ni kommer att ta emot det", i futurum. Det står "Tro att ni har fått det", i imperfekt. Det betyder att du måste be i tro på att du redan har tagit emot svaret.

Bibeln säger, *"Men han ska be i tro, utan att tvivla. Den som tvivlar liknar havets våg som drivs och piskas av vinden. En sådan människa ska inte tänka att hon kan ta emot något från Herren"* (Jakobs brev 1:6-7). När vi ber med full tro på Gud den Allsmäktige utan att ens tvivla en sekund är det som mirakulösa tecknet sker.

## Kapitel 5

# Tecknet vid Betestadammen

1. Mannen som blev botad efter 38 års sjukdom
(5:1-15)

2. Judarna som förföljde Jesus
(5:16-30)

3. Jesu vittnesbörd till judarna
(5:31-47)

# Mannen som blev botad efter 38 års sjukdom

Efter att ha gjort sitt andra tecken i Galileen gick Jesus upp till Jerusalem. Det finns flera högtider som alla judiska vuxna män måste helga: påskhögtiden, veckohögtiden och lövhyddohögtiden. För att följa Guds vilja gick Jesus till Jerusalem för att vara med på högtiderna.

### Folket som samlades runt Betestadammen

"Sedan kom en av judarnas högtider, och Jesus gick upp till Jerusalem. Vid Fårporten i Jerusalem finns en damm som på hebreiska kallas Betesda. Den har fem pelargångar, och i dem låg många sjuka, blinda, halta och lama. De väntade på att vattnet skulle börja svalla.

[En ängel steg nämligen ner i dammen ibland och satte vattnet i svallning, och den förste som kom i efter att vattnet börjat svalla blev frisk från den sjukdom han hade]." (5:1-4)

Templet i Jerusalem har flera portar. En av portarna, som ligger på den norra sidan av templet, kallades "Fårporten." Den byggdes på Nehemjas tid, omkring 445 f Kr (Nehemja 3:1), och kallades "Fårporten" helt enkelt för att det utanför porten fanns en boskapsmarknad och får som användes som offer fördes in genom den porten. Bredvid Fårporten ligger en damm som på hebreiska kallades för "Betesda." Denna damm hade skapats som en reservoar som samlar in regnvatten och som förser hela templet med vatten. Det som var så intressant med just den här dammen var att det ibland sprang upp vatten från botten av dammen och rörde upp vattnet inuti dammen. Folk trodde att det var en ängel som kom ner och satte vattnet i svallning. Den första som tog sig ner i dammen när det inträffade skulle bli botad från vilken sjukdom han än hade. Därför var det en stor samlingsplats för sjuka där. Blinda, lama, och svaga – människor med alla slags sjukdomar – väntade på att dammens vatten skulle sättas i svallning.

Tidiga handskrifter av Bibeln har inte med orden, "En ängel steg nämligen ner i dammen ibland och satte vattnet i svallning, och den förste som kom i efter att vattnet börjat svalla blev frisk från den sjukdom han hade." Den delen dök upp i senare handskrifter, vilket antyder att det var en populär föreställning bland människor på den tiden. Guds Ord Bibeln har inte ens det minsta fel; men då och då finns det ord nedskrivna som

: : Fårporten vid nordöstra muren i Jerusalem

: : Betestadammen nära Fårporten

hjälper läsaren att bättre förstå hur det var på den tiden.

## Jesus, som botade den sjuke på sabbatsdagen

"Där fanns en man som hade varit sjuk i trettioåtta år. Jesus såg honom ligga där och visste att han hade varit sjuk så länge, och han frågade honom: 'Vill du bli frisk?' Den sjuke svarade: 'Herre, jag har ingen som hjälper mig ner i dammen när vattnet börjar svalla. Och när jag försöker ta mig dit själv, hinner någon annan före mig.' Jesus sade till honom: 'Res dig, ta din bädd och gå!' Genast blev mannen frisk, och han tog sin bädd och gick. Men det var sabbat den dagen." (5:5-9)

Ingången till Betesda var alltid fylld med handikappade. För att vara den första som kom ner i dammen efter att vattnet hade börjat svalla försökte människor hålla sig så nära dammen som möjligt. Bland dem fanns en man som varit sjuk i 38 år. Det finns ett gammalt koreanskt ordspråk som säger, "Lång sjukdom har inget trofast barn" vilket betyder att inte ens den mest trofasta kan förbli trofast och uppfylla sina uppgifter om hans förälders sjukdom varar en outhärdlig lång tid. Mannen hade varit sjuk i 38 år och hans familj hade förmodligen övergivit honom och det fanns ingen som kunde hjälpa honom. Men mitt i detta stora lidande hade han ändå inte gett upp hoppet. Med hoppet om att bli frisk en dag höll han sig nära dammen. När Jesus såg denne mans hjärta som hade väntat tålmodigt utan att förlora hoppet, sträckte Han sig ut till mannen med kärlek.

"Vill du bli frisk?"
Det var länge sedan han hade fått höra så milda ord och han svarade med en förklaring på hans olyckliga situation. Även när vattnet började svalla var det alltid någon annan, någon som hade mer förmåga än han, som hann före honom ner i vattnet. Han bad Jesus att hjälpa honom ner i dammen, men det Jesus sade härnäst gjorde mannen förvånad.

"Res dig, ta din bädd och gå!"
För någon som hade levt länge med ett handikapp kunde detta låta bisarrt. Han hade till och med kunnat tro att Jesus hånade honom. Men innan han visste ordet av, stod han upp på sina fötter! På något sätt kom styrkan tillbaka till hans kropp. Jesus talade bara några få ord, och sjukdomen som hade plågat mannen i 38 år lämnade honom direkt! Jesus botade ingen annan där. Han botade bara människor efter att ha sett deras tro och gärningar. Jesus botade denne man eftersom hans hjärta var gott, trots att han hade lidit så länge. Hjärtat var uthålligt och hoppfullt.

### Judarna som inte förstod den sanna meningen i sabbaten

"och judarna sade till mannen som hade blivit botad: 'Det är sabbat! Du får inte bära din bädd.' Han svarade dem: 'Han som gjorde mig frisk sade till mig: Ta din bädd och gå!' Då frågade de: 'Vem var den mannen som sade åt dig att ta din bädd och gå?' Men han som hade blivit botad visste inte vem det var. Jesus hade nämligen dragit sig undan, eftersom det var mycket folk på platsen." (5:10-13)

Mannen som hade varit invalid i 38 år hade ingen anledning att stanna kvar vid dammen längre. När han tog sin bädd och gick kom judarna emot honom. Det var för att dagen mannen hade blivit botad på var sabbatsdagen, och de äldstes stadgar förbjöd strikt att man bar på något på den dagen. Israeliterna fick uppleva svåra tider varje gång de var olydiga mot Guds bud, eller Hans lagar. När en kung som fruktade Gud satt på tronen hade Israel fred. Men när en kung som inte fruktade Gud och tillbad avgudar satt på tronen, blev Israel intaget av andra nationer och dess folk taget som fångar. Så för att lyda Guds lagar mycket noggrannare modifierade israeliterna budorden så att de blev mer detaljerade. Det är vad Bibeln kallar för "de äldstes stadgar."

Och när det gällde att hålla budordet, "Helga sabbatsdagen" hade judarna lagt till flera undergrupper till detta bud, och i detalj listat sådant man skulle avhålla sig ifrån. De lade till artiklar till budet som: man ska inte så säd eller plöja ett fält, inte heller knåda en deg eller baka, man skulle inte tvätta kläder, inte skriva två ord eller sudda ut dem, man skulle inte borsta något eller flytta ett objekt från en plats till en annan, etc.

Men Gud sade aldrig, "Ta inte upp din bädd och gå på sabbatsdagen." Gud befallde sitt folk att hålla sabbatsdagen helig för att välsigna dem och för att hålla den dagen helig, men när judarna skapade dessa minutiösa regler förstod de inte den sanna meningen i Hans bud, utan gjorde det svårt för sig själva i stället. När de hörde att en förlamad person som varit sjuk i 38 år hade blivit botad borde de ha varit glada för det, men i stället fördömde judarna denna händelse.

"Det är sabbat, och det är inte tillåtet för dig att bära på din bädd."
Judarna som hade blivit uppstressade höll fast vid sin poäng.
"Vem var den mannen som sade åt dig att ta din bädd och gå?"
Lyckligtvis visste Jesus redan i förväg att judarna skulle vara så känsliga över att Han botade den sjuke på sabbaten, och hade redan dragit sig undan när judarna började ifrågasätta. Jesus drog sig inte undan för att Han var svag eller maktlös. Även när Han blev orättfärdigt förföljd, handlade Han bara utifrån rättfärdighet. Oavsett vilken situation Han befann sig i gjorde Han aldrig något som hade kunnat hindra uppfyllandet av Guds vilja.

"**Du har nu blivit frisk. Synda nu inte mer.**"

"Senare fann Jesus honom på tempelplatsen och sade till honom: 'Se, du har blivit frisk. Synda nu inte mer, så att inte något värre drabbar dig.' Mannen gick då och berättade för judarna att det var Jesus som hade gjort honom frisk." (5:14-15)

När Jesus mötte mannen som hade varit förlamad i 38 år i templet än en gång, varnade Han honom, "Synda nu inte mer, så att inte något värre drabbar dig." Jesus berättade för mannen att ja, Gud hade botat honom. Men om han inte levde efter Guds Ord och slutade synda skulle han kunna drabbas av en ännu värre sjukdom. Här kan vi först att sjukdomen härstammar från synd. Det är inte bara så med sjukdom, utan med alla andra problem också. När vi älskar och fruktar Gud och lever i enlighet med Hans vilja, kan sjukdomar och svagheter inte komma nära oss, och vi tar emot framgångens välsignelse på alla områden av våra liv.

Men om vi inte lever i enlighet med Ordet, kommer vi drabbas av alla slags sjukdomar och problem. För det mesta tänker människor att man blir sjuk på grund av otur eller på grund av ärftlighet. Men även när det gäller ärftliga sjukdomar är de ofta relaterade till synden av att inte förbli i Guds Ord.

Om vi till exempel äter oregelbundet eller om vi ger efter för frosseri, kommer först vårt matsmältningssystem och sedan alla andra organ i kroppen försvagas. Det beror på att vi misslyckas med att ta hand om våra kroppar som Gud gav oss. Det är det samma som när man är olydig mot Guds Ord.

I 2 Mosebok 15:6 står det, *"Om du hör HERRENS, din Guds, röst och noga lyssnar till hans bud och håller alla hans stadgar, skall jag inte lägga på dig någon av de sjukdomar som jag lade på egyptierna, ty jag är HERREN, din läkare."* När vi förbli i Guds lagar och lever acceptabla liv inför Gud, kommer Han bota alla slags sjukdomar vi kan ha och göra oss friska.

Mannen visste inte ens vem det var som hade botat honom. Men efter att ha mött Jesus i templet igen och fått höra att det var Han som hade botat honom, var han överväldigad av glädje. När judarna frågade svarade han gladeligen att det var Jesus som hade botat honom, men han visste inte varför de frågade. Han visste inte att hans ord skulle kunna skada Jesus.

Efter att ha botat någon säger Jesus ibland att personen ska gå och berätta för sina släktingar och ibland säger Han till dem att inte säga något till någon om vad som hänt (Matteus 8:4, Lukas 8:56). Om personen som skulle få höra om miraklet hade ett gott hjärta och det var någon som skulle ge ära till Gud och få tro på Honom, då sade Jesus till den botade personen att berätta för honom eller henne. Men om personen som skulle få höra om det skulle förfölja den andra personen eller kunna skada honom på grund av det som hänt, då sade Jesus till honom att inte berätta för någon. Det är därför det är så viktigt att vi är visa när vi delar med oss information med andra – få först en överblick över deras hjärta.

# Judarna som förföljde Jesus

Jesus blev förföljd av judarna för att Han gjorde mirakler på sabbatsdagen. För att de inte förstod lagarna korrekt fördömde de Jesus som hade gjort en god gärning. Men Jesus säger i Markus 2:27-28, *"Sabbaten skapades för människan och inte människan för sabbaten. Alltså är Människosonen Herre också över sabbaten."* Som Herre över sabbaten botade Jesus människorna som led av sjukdomar och visade dem en kärlek som till och med övergår lagen. Gud ser kärlek och medlidande som större än lagen.

"Därför började judarna förfölja Jesus, eftersom han gjorde sådant på sabbaten. Men Jesus sade till dem: 'Min Far verkar fortfarande, och därför verkar även jag.' Då blev judarna ännu ivrigare att döda honom, eftersom han inte bara upphävde sabbaten utan också kallade Gud sin Far och gjorde sig själv lik Gud." (5:16-18)

En god person dömer och fördömer inte andra. I stället gör han sitt bästa för att förstå andra genom att sätta sig själv i deras position. Men judarna försökte starta ett bråk med Jesus och förfölja Honom för att Han gjorde en god gärning. På det säger Jesus, "Min Far verkar fortfarande, och därför verkar även jag" och Han betonar det faktum att Han inte gör något av sin egen vilja. När de hörde detta blev judarna rasande och blev ännu ivrigare att döda Honom. För dem verkade det som att Jesus inte bara upphävde sabbaten utan också gjorde sig själv lik Gud genom att kalla Gud sin Far.

Men i grunden är Jesus och Gud ett. Han var med Gud från begynnelsen och Han såg hur universum blev skapat och bevarat. Eftersom Han såg allt från början till slut och kände till hur allt var från början, handlade Han alltid i enlighet med Guds vilja och gjorde aldrig något som gick emot Guds vilja eller plan. Judarna som var andligt blinda kunde inte förstå det här. Till råga på allt gjorde Jesus sådant som de själva inte kunde göra, och fick ära från folket, och därför blev de avundsjuka och svartsjuka.

## Jesus försöker få judarna att förstå

"Jesus svarade dem: 'Jag säger er sanningen: Sonen

kan inte göra något av sig själv, utan bara det han ser Fadern göra. Vad Fadern gör, det gör också Sonen. Fadern älskar Sonen och visar honom allt han gör, och större gärningar än dessa ska han visa honom så att ni blir förundrade.'" (5:19-20)

Låt oss säga att en far som äger ett stort företag vill att hans son ska ta över företaget. Han lär sin son allt han behöver veta om företaget och till och med företagets topphemligheter. På samma sätt lärde Gud sin älskade Son Jesus, som hade varit med Honom från begynnelsen (från det att starten på den mänskliga kultiveringen), sin försyn och skapelsens hemligheter. Jesus kom till den här världen för att visa oss vad Gud Fadern hade lärt och visat Honom. Genom att bota sjuka, uppväcka döda och stilla stormar och vatten, gjorde Han förundransvärda mirakler (Lukas 8:24).

Och för folket som blev förvånade över allt Han gjorde, profeterade Han att de skulle få se större gärningar än dessa som skulle göra dem förundrade. Med det menade Han händelsen då Han skulle ta på sig alla människors synder genom att dö på korset och uppstå igen på den tredje dagen. Till råga på allt skulle det tillfälle då Jesus skulle upptas till himlen efter uppståndelsen också bli en sådan förundransvärd händelse, och något som ingen tidigare hade sett. Jesu återkomst till den här världen vid tidens slut kommer också bli en sådan inspirerande och förundransvärd händelse.

## Relationen mellan Fadern och Sonen

"För liksom Fadern uppväcker de döda och ger dem liv, så ger också Sonen liv åt vilka han vill. Och Fadern dömer ingen, utan han har överlämnat hela domen till Sonen för att alla ska ära Sonen så som de ärar Fadern. Den som inte ärar Sonen ärar inte heller Fadern som har sänt honom." (5:21-23)

Gud som har den allra högsta makten över någons liv och död, gav denna makt till sin Son Jesus. Så när Jesus säger, "så ger också Sonen liv åt vilka han vill" menar Han att Han kan ge liv till vem Han vill.

Och vad betyder det när Skriften säger att Gud har överlämnat hela domen till Sonen? Som Romarbrevet 3:10 säger, *"Ingen rättfärdig finns, inte en enda"* har hela mänskligheten sedan Adams fall varit tvungna att gå på dödens väg. Men kärlekens Gud förberedde en väg till frälsning för oss; och den vägen är Jesus Kristus. Den som tror på Honom och lever i enlighet med Hans Ord kommer till himlen och de som inte gör det kommer till helvetet. Det är därför Skriften säger, "Han [Gud] har överlämnat hela domen till Sonen." Detta betyder att Guds vilja är Jesu vilja.

Som det är skrivet i Romarbrevet 5:1, *"När vi nu har förklarats rättfärdiga av tro, har vi frid med Gud genom vår Herre Jesus Kristus"* är Jesus trons bro som kopplar ihop vår relation med Gud. När vi tror och lyder Jesu Ord kommer vi att tro och lyda Guds Ord. När vi därför känner och ärar Jesus är det att känna och ära Gud.

## När de hör Guds Sons röst

"Jag säger er sanningen: Den som hör mitt ord och tror på honom som har sänt mig, han har evigt liv. Han drabbas inte av domen utan har gått över från döden till livet. Jag säger er sanningen: Det kommer en tid, och den är redan här, när de döda ska höra Guds Sons röst, och de som hör den ska få liv. För liksom Fadern har liv i sig själv, har han också låtit Sonen ha liv i sig själv. Och han har gett honom makt att hålla dom, eftersom han är Människosonen." (5:24-27)

Den som lyssnar på Jesu ord och tror på Gud som har sänt Honom kommer inte att dömas utan övergå från döden till livet. Ordet "tror" i det här skriftstället betyder inte bara tro som bevisas genom att man med sina läppar kan säga "jag tror." Det handlar om den tro som kommer från "andlig tro" som bevisas av att ens gärningar stämmer överens med Guds Ord.

"De döda" handlar inte om fysiskt döda människor, utan om människor som är andligt döda. När Gud skapade människor skapade Han dem till levande varelser med ande, själ och kropp. Men när den första människan Adam var olydig mot Gud kom synd in i människan och hans ande dog.

Därför är alla Adams efterkommande födda med arvsynd och deras ande är död; men när de hör evangeliet om Jesus Kristus och accepterar Honom som deras personlige Frälsare och tar emot den Helige Ande, får deras ande liv. Och när de handlar i enlighet med Guds Ord och förändras mer och mer till att bli en sanningsenlig person, eller en andlig person, är det vad skriftstället menar med att höra Guds Sons röst. Och Herren säger att tiden kommer och den är redan här då människor kommer att höra Guds Sons röst.

Han säger också, "För liksom Fadern har liv i sig själv, har han också låtit Sonen ha liv i sig själv." Ordet "liv" här handlar om evigt, andligt liv som inte förgås. Och Jesus, som är Gud, har också liv i sig själv (Johannes 14:6), så om vi tror på Honom och accepterar Honom, får vi också evigt liv.

Och eftersom Jesus är Människosonen gav Gud Honom auktoritet att döma; och denna dom ges efter hur personen har levt. Det betyder att den som tror på Jesus Kristus har liv, och därför kommer till himlen; och den som inte tror på Jesus Kristus och inte har det här livet kommer till helvetet. Så varför gav Gud denna auktoritet att döma till sin Son?

På samma sätt som vi behöver lägga något på en våg för att mäta dess vikt, behöver vi också en standard genom vilken vi kan bedöma om en person har liv eller inte. Jesus Kristus är livets våg, och domsstandarden. Det beror på att endast Jesus är livet, eller sanningen själv. Och det är därför som Gud gav makten att döma till sin Son.

## Uppståndelsen till liv och uppståndelsen till dom

"Var inte förvånade över detta. Det kommer en tid när alla som ligger i gravarna ska höra hans röst och komma ut. De som har gjort gott ska uppstå till liv, och de som har gjort ont ska uppstå till dom. Jag kan inte göra något av mig själv, jag dömer efter det jag hör. Och min dom är rättvis, för jag söker inte min egen vilja utan hans som har sänt mig." (5:28-30)

När människor får höra att livet och domen beror på Guds Son tvivlar en del. De frågar, "Vad händer då med alla människor som levde och dog innan Jesus föddes?" Det är därför Jesus säger, "Var inte förvånade över detta." Och sedan förklarar vad samvetets dom är.

Det har bara gått drygt hundra år sedan kristendomen kom till Korea. Vad händer då med de människor som levde för mer än hundra år sedan, och med de som levde på Gamla testamentets tid? Om alla dessa människor hamnar i helvetet bara för att de inte kände Jesus Kristus, hur kan vi då säga att Gud är kärlek?

Gud, som är kärleken själv, förberedde en väg till frälsning för de människor som har goda hjärtan. De som gjorde goda gärningar under sin livstid kommer få uppleva uppståndelsen till livet, och de som gjorde onda gärningar kommer att få uppleva uppståndelsen till dom (Romarbrevet 2:14-16). "Samvetets dom är en väg till frälsning som Gud har förberett för de som levde under Gamla testamentets tid innan Jesus kom, och för de som levde under Nya testamentets tid men aldrig fick en chans att höra evangeliet.

Även om de aldrig har hört evangeliet kommer det att finnas människor som kommer att stå i förundran och ha en vördnadsfull inställning till himlen, och göra sitt allra bästa för att leva ett gott och rättfärdigt liv, och därför leva i enlighet med Guds vilja till en viss grad (Predikaren 3:11, Romarbrevet 1:20). Det finns vissa människor som offrar livet för sina länder eller för sina föräldrar eller till och med för sina vänner. Det är uppoffrande kärlek.

Om sådana människor hör evangeliet, skulle inte de då med allra största säkerhet, acceptera Herren och ta emot frälsning och komma in i himlen? Så genom samvetets dom låter Gud dessa människor ta emot frälsning (Läs mer i boken *Helvetet*). Det är så här rättens Gud ger alla en rättvis dom. När Jesus talade om domen blev de som lyssnade plötsligt gripna av fruktan och de undrade, "Hur kommer domen att bli?" Eftersom Han visste att de tänkte så, svarade Jesus, "Jag kan inte göra något av mig själv, jag dömer efter det jag hör. Och min dom är rättvis, för jag söker inte min egen vilja utan hans som har sänt mig."

# Jesu vittnesbörd till judarna

Profeterna i Gamla testamentet och Johannes Döparen hade redan spridit ordet om Jesus. De profeterade att Jesus skulle komma från Isai släkt, och att hednafolken skulle söka tillflykt hos Honom, att Han skulle födas i Betlehem, och att "Hans ursprung är före tiden, från evighetens dagar" (Jesaja 11:10; Mika 5:2). Dessa profeter talade inte sina egna ord av egen vilja. Gud sände dem för att profetera om Jesus Kristus.

Förutom dessa profetior talade de tecken och under som Jesus gjorde sitt eget tydliga språk: att Jesus kom från Gud. Men judarna kände ändå inte igen Honom och började förfölja Honom, så Han visade bevis på att Han är Guds Son. Han gjorde det av kärlek till dem, så att de skulle kunna ta emot frälsning.

## "Det finns en annan som vittnar om mig"

"Om jag vittnar om mig själv är mitt vittnesbörd inte giltigt. Det finns en annan som vittnar om mig, och jag vet att hans vittnesbörd om mig är sant. Ni har skickat bud till Johannes, och han har vittnat för sanningen. Jag tar inte emot en människas vittnesbörd, men jag säger det här för att ni ska bli frälsta." (5:31-34)

Så genant och roligt det skulle vara om någon skröt över sig själv men ingen lade märke till det. Så även om vi har tillräckligt stort självförtroende för att skryta över oss själva, måste vi först bli bekräftade av människor runt omkring oss. Jesus hade all rätt att skryta över sig själv, men Han bara väntade på att Gud skulle visa människorna vem Han var. I stället för att vittna om sig själv, använde Jesus tecknen som Gud gjorde genom Honom för att tala för sig.

Varför tror du då att Jesus sade att Han inte tar emot en människans vittnesbörd? Det beror på att det inte fanns någon som kunde ge ett fullständigt och korrekt vittnesbörd om Jesus på den tiden. Inte ens Johannes Döparen kunde ge ett fullkomligt vittnesbörd om Jesus. Det var därför Johannes sände sina lärjungar för att fråga Jesus, *"Är du den som skulle komma? Eller ska vi vänta på någon annan?"* (Matteus 11:3) när han satt i fängelset.

På detta svarade Jesus i verserna 4-5 efter, *"Gå och berätta för Johannes vad ni hör och ser: Blinda ser, lama går, spetälska blir rena, döva hör, döda uppstår och fattiga får höra glädjens budskap."* Han sade det eftersom han visste att det skulle få dem att förstå "Åh, det här är verkligen Den som Gud har sänt."

Andliga ting kan bara bedömas av andliga sinnen (1 Korintierbrevet 2:13); men på den tiden visste man inte att Jesus kom från Gud. Därför var det svårt för dem att ens vittna på ett korrekt sätt om Jesus. För att kunna leda så många människor som möjligt till frälsning, talade Jesus mycket om Guds bevis och gärningar. Men judarna som var fyllda av avundsjuka missförstod det och trodde att Jesus skröt över sig själv och visste om det. Jesus sade att Han inte tog emot vittnesbörd från människor.

### Tecken och under: Guds gärningar

"Han var en lampa som brann och lyste, och för en tid ville ni glädja er i hans ljus. Själv har jag ett vittnesbörd som är större än det Johannes gav. De verk som Fadern har gett mig att fullborda, just de verk som jag utför, de vittnar om att Fadern har sänt mig." (5:35-36)

En lampa slocknar när oljan tar slut i den. Jesus jämför Johannes med en lampa eftersom hans liv var kort. Johannes föddes sex månader innan Jesus, och hans liv tog slut under Jesu offentliga tjänst – när Johannes bara var i trettioåren – genom Herodes Antipas.

Men under hans korta livstid tillrättavisade Johannes syndare och lagbrytare när han vittnade om sanningen, precis som en lampa sprider ljus i mörkret (Johannes 5:33). Som en lampa som förberedde vägen för Herren, pekade han ut människors synder och ledde dem till omvändelse och att komma in i rättfärdighet.

Som det nämndes tidigare befann Israel sig i ett andligt mörker under 400 år efter profeten Malaki, och Johannes var i själva verket den första profeten som proklamerade Guds Ord igen. Så hans popularitet var väldigt stor. Eftersom Johannes blev som en lampa, nöjt folket av att se detta ljus, men Johannes rop om rättfärdighet var övergående; för han proklamerade om någon som skulle komma efter honom, och det var Jesus. Så bevis som skulle vara mer korrekta än Johannes vittnesbörd skulle vara de verk som Gud gjorde genom Jesus. Genom mängder av tecken och under visar Jesus folket bevis på att Gud är med Honom.

### Skrifterna vittnar om Jesus

"Fadern som sänt mig har vittnat om mig. Ni har varken hört hans röst eller sett hans gestalt, och hans ord lever inte kvar i er eftersom ni inte tror på den som han har sänt. Ni forskar i Skrifterna, för ni tror att ni har evigt liv i dem. Det är just de som vittnar om mig, men ni vill inte komma till mig för att få liv. Jag tar inte emot ära från människor. Jag känner er och vet att ni inte har Guds kärlek i er. Jag har kommit i min Fars namn, och ni tar inte emot mig. Men kommer det någon annan i sitt eget namn tar ni emot honom." (5:37-43)

Gud vittnade om Jesus genom många tecken och under men fariséerna, sadducéerna och de skriftlärda trodde inte på Honom. Jesus säger att de "varken har hört hans röst eller sett hans gestalt." Han tillägger att det beror på att de inte har låtit Hans Ord förbli i dem. Dessa människor var stolta över att de visste mer om Guds ord än någon annan. Varför skulle Jesus säga till dem, "Hans ord lever inte kvar i er"?

När någon tar emot Guds Ord beror resultatet på om personen tar emot det med ett gott hjärta eller med ett ont hjärta. Dessa människor visste mycket väl att Gud skulle sända Messias till dem. Det hade profeterats om i Gamla testamentet. Men i stället för att ta emot dessa ord med en förståelse av Guds hjärta, tog de emot dem med sina egna tankar och på sätt som kunde vara till nytta för dem själva; så när den riktige Messias stod framför dem, kunde de inte känna igen Honom eller acceptera Honom. På grund av deras stolthet över att de kunde Lagen och på grund av deras själviskhet när de försökte bevara deras ställning i samhället, förföljde de i stället Jesus. Det var därför Jesus sade att Guds Ord inte är i dem.

Många människor tror att om de läser Guds Ord i Bibeln och lyssnar på predikningar kan de ta emot frälsning; men det är inte sant. Bara när vi förstår Guds Ord och handlar i enlighet med det, kan vår frälsning bli komplett (Matteus 7:21). Även om vi med säkerhet vet var vi är på väg, kommer vi aldrig att nå dit om vi inte rör oss mot målet. Detsamma gäller om vi vet att vi vill nå himlen, det får oss inte dit bara för att vi vet att det är Guds vilja. Vi behöver förstå Hans vilja och handla efter den.

De skriftlärda var blinda för sin egen ondska och kunde inte känna igen Jesus. Jesus talade väldigt hårt till dem, "Jag tar inte emot ära från människor. Jag känner er och vet att ni inte har Guds kärlek i er." Jesus försöker inte ta emot ära från människor i den här världen. Ära i den här världen är förgänglig; och kommer till slut att förgås. Gud ger oss inte frälsning för att få ära. Han erbjuder oss frälsning helt enkelt för att Han älskar oss. Gud vill dela sin sanna kärlek med oss som, efter att ha tagit emot frälsning, har blivit Hans sanna barn. När en person tar emot frälsning och blir förvandlad genom sanningen, börjar han eller hon ge ära till Gud, som Gud med glädje tar emot.

Människor som inte accepterar Jesus har ingen kärlek till Gud. Eftersom de är helt upptagna av sin egen själviskhet och är förblindade av det, kan de inte känna igen Honom fastän Jesus kommer i Guds namn.

### Om ni hade trott Mose hade ni trott på mig

"Hur ska ni kunna tro, när ni tar emot ära av varandra och inte söker den ära som kommer från den ende Guden? Men tro inte att jag kommer att anklaga er inför Fadern. Den som anklagar er är Mose, han som ni har satt ert hopp till. Hade ni trott Mose skulle ni tro på mig, för det var om mig han skrev. Men om ni inte tror hans skrifter, hur ska ni då kunna tro mina ord?" (5:44-47)

Efter hur mycket ondska vi har i vårt hjärta kommer vi

försöka uppfylla våra köttsliga begär, och därför kan vi inte älska Gud. På den tiden ville judarna vinna berömmelse, makt och annat sådant; och de sökte inte den ära som kommer från Gud. Därför pekade Jesus ut vad det var som fanns i deras hjärtan som gjorde att de förföljde Honom och önskade att Han skulle försvinna.

Vad betyder det när Jesus säger, "Den som anklagar er är Mose"? På den tiden var människorna noggranna med att läsa och tro på lagen, eftersom folket tog emot frälsning baserat på deras gärningar, där Mose lag var standarden. I domstolen försvarar advokaten den anklagade medan åklagaren åklagar den anklagade för det fel han har begått. När vi står inför Gud tjänar Mose lag som en anklagare som tar till lagen till hjälp mot oss.

I framtiden efter Herrens återkomst, när tusenårsriket når sitt slut, kommer domen vid den stora vita tronen att vara. Under denna dom kommer Gud att döma och Jesus kommer vara advokaten. Runt Gud och Jesus kommer det finnas tjugofyra äldste som jury och varje person kommer bli dömd utifrån hur mycket man har levt i sanningen, baserat på Mose lag. Man tar inte emot frälsning bara för att man tror på Jesus Kristus. Ens liv kommer att dömas i ljuset av Lagen.

Mose lag blev nedskriven på grund av Jesus Kristus. Därför frågar Jesus de skriftlärda hur de skulle kunna tro på Hans Ord om de inte tror på Moses skrifter. Om någon tror på lagens sanna mening, vilken Gud ger oss, då kommer han också kunna tro på Jesus Kristus, som uppfyller lagen. Och om man verkligen tror, från sitt hjärtas centrum på Jesus Kristus, kommer man handla i ljuset och i rättfärdighet och gå på vägen mot frälsning.

# Kapitel 6

# Livets bröd

1. Tecknet med de två fiskarna och de fem bröden
(6:1-15)

2. Jesus som gick på vattnet, och skaran som följde Honom
(6:16-40)

3. Äta Människosonens kött och dricka Hans blod för att få evigt liv
(6:41-59)

4. Lärjungarna som lämnade Jesus
(6:60-71)

# Tecknet med de två fiskarna och de fem bröden

Galileiska sjön är en sjö men i den engelska versionen står det "hav." Det beror på att sjön är väldigt stor och den verkar ha en stor mängd vatten som ett hav, eller en ocean. I Gamla testamentet kallas sjön Kinneret eftersom den är formad som en harpa; och i Nya testamentet kallas den för Genesarets sjö, och ibland Tiberiassjön. Under Jesu offentliga verksamhet färdades Jesus mellan byarna nära Galileiska sjön för att berätta för människor om Guds rike, och Han gjorde också många tecken och under var Han än gick.

"Sedan for Jesus över till andra sidan Galileiska sjön, alltså Tiberiassjön. Mycket folk följde honom, eftersom de såg de tecken som han gjorde med de sjuka. Men Jesus gick upp på berget och satte sig där

:: Omgivningarna kring Galileiska sjön

med sina lärjungar. Påsken, judarnas högtid, var nära." (6:1-4)

Jesu tolv lärjungar gick också ut i par och spred evangeliet och visade Guds kraft genom tecken och under. Det var helt naturligt att ryktet om Jesus spred sig snabbt. För att kunna ta en kort vila steg Jesus och Hans lärjungar ombord på en båt och for över till staden Betsaida, en stad på andra sidan Tiberiassjön. När människorna såg dem åka ut med båten gick många av dem från olika byar ut för att träffa dem. Människorna gick faktiskt före dem och väntade på dem. När Jesus såg folkskaran som väntade och längtade efter att få se ett tecken kände Jesus medlidande med dem, eftersom de var som får utan herde. Så Han botade de sjuka och upplyste dem med mycket undervisning. (Se Matteus 14:13-14; Markus 6:30-34; Lukas 9:10-11).

Det var några dagar innan påsken. Människorna lyssnade på Guds ord utan att inse att tiden gick. När det blev sent började lärjungarna som var med Jesus att oroa sig eftersom de var samlade på ett stort, tomt fält där det inte fanns någon mat.

## Jesus prövar Filippus

"När Jesus lyfte blicken och såg att det kom mycket folk till honom, sade han till Filippus: 'Var ska vi köpa bröd så att de får något att äta?' Det sade han för att pröva honom. Själv visste han vad han skulle göra. Filippus svarade: 'Bröd för tvåhundra denarer räcker inte för att alla ska få var sin bit.'" (6:5-7)

Det var sent och folket hade inte ätit på hela dagen. Jesus visste att de måste vara hungriga och frågade Filippus, "Var ska vi köpa bröd så att de får något att äta?" Jesus visste vad Han skulle göra, men väntade på Filippus gensvar. Han prövade honom. Jesus försökte förstås inte sätta dit honom; Han gav Filippus helt enkelt en möjlighet att se själv och få större tro.

Prövningar kan generellt kategoriseras i två typer. Den ena typen är frestelser som kommer från fienden djävulen för att vi inte lever i enlighet med Guds Ord (Jakobs brev 1:13-15). Den andra typen är prövningen som Gud ger oss för att kunna välsigna oss; som det var för Abraham, när Gud bad honom att offra sin ende son Isak. Om vi med tro får seger över en prövning och blir accepterade av Gud, kan vi ta emot både andliga och fysiska välsignelser, precis som Abraham, som blev välsignelsens ursprung. Och om vi befinner oss i en prövning på grund av något fel vi har gjort, kommer prövningen få sitt slut om vi omvänder oss och lyder Guds Ord. Men vi får inga särskilda välsignelser för det.

Under alla mina år i tjänst har jag fått uppleva många prövningar och lidanden. En av dessa prövningar var när mina tre döttrar föll offer för kolmonoxidförgiftning från brikettgas; och en annan gång var när jag förlorade så mycket blod att jag nästan höll på att dö. Förutom dessa tillfällen har jag fått uppleva prövningar som varit så svåra; om man ser till dem ur ett köttsligt perspektiv skulle den sorg och de svårigheterna som prövningarna förde med sig vara omöjliga att bära. Sedan finns det tillfällen då en prövning varit så stor att det skulle ha varit lättare att lägga ner sitt liv än att gå igenom prövningen. Men jag har kunnat komma igenom alla prövningar med tro. Gud lät inte dessa prövningar att komma till mig för att jag hade gjort något fel. Det var genom dessa prövningar som Gud kunde ge mer och mer av sin kraft till mitt liv.

Efter Jesu plötsliga fråga började Filippus räkna. Han uppskattade hur mycket mat var och en skulle behöva, och räknade hur många människor som var där, sedan svarade Filippus självsäkert:
"Bröd för tvåhundra denarer räcker inte för att alla ska få var sin bit."

Denaren var penningvaluta i romarriket. En denar var värd lika mycket som ens mans dagslön, så tvåhundra denarer skulle alltså vara lika mycket som tvåhundra dagslöner. Låt oss säga att en dagslön i dag är värd ca femtio dollar. Då skulle den summa pengar de behövde vara tio tusen dollar. Filippus beräkning verkar vara ganska resonabel. Men om han hade haft sann tro skulle han inte ha använt sin mänskliga logik. Han skulle ha svarat, "Jag tror att du kan ta hand om det här."

Filippus hade ännu inte insett att Jesus har obegränsad kraft, med vilken ingenting är omöjligt. Många människor försöker lösa sina problem med hjälp av mänsklig kunskap och vishet; men människans förmåga har sina begränsningar, så vid en tidpunkt eller annan når människan sin gräns. Men om vi har andlig tro kommer ingenting att vara omöjligt (Markus 9:23). Varför? Därför att med Gud är allting möjligt.

## Lärjungarna som saknade andlig tro

"En annan av hans lärjungar, Andreas, bror till Simon Petrus, sade till honom: 'Här är en pojke som har fem kornbröd och två fiskar. Men vad räcker det till så många?' Jesus sade: 'Låt folket slå sig ner.' Det var gott om gräs på platsen, och de slog sig ner. Det var omkring fem tusen män." (6:8-10)

Medan Jesus och Filippus samtalade gick Andreas igenom folkskaran för att se om någon hade mat. Han kollade med många människor men den enda maten han kunde hitta var en liten pojkens lunch som innehöll två fiskar och fem kornbröd. Även när han berättade för Jesus vad han hade hittat visste han att den maten var alldeles för liten för att kunna göra någon skillnad. Vem som helst hade kunnat se att den mängd mat de hade var alldeles för liten för alla som var där.

Lärjungarna såg mängder av tecken och under när de följde med Jesus under Hans tjänst, men ändå hade de inte komplett tro på Honom. Många människor bekänner sin tro på den allsmäktige Guden, men när de står ansikte mot ansikte med svårigheter, misslyckas de med att visa sin tro, och de får kämpa. Hans lärjungar, även Andreas, visade en tro som var baserad på kunskap. De hade inte andlig tro – tro som gör att man verkligen tror från ens hjärtas centrum och handlar på det.

Jesus sa att folket skulle sätta sig ner i grupper om hundra och femtio (Markus 6:40). Eftersom fältet var fyllt av gräs var det lätt för folk att sätta sig i grupper. Det var så mycket människor att de liknade vågor på vattnet i ett stort öppet hav. Det var fem tusen män, förutom kvinnor och barn (Matteus 14:21). Så det var förmodligen totalt tio tusen där. Alla dessa behövde få mat, och ändå fanns det bara fem kornbröd och två fiskar.

Men för Gud den Allsmäktige är antalet människor inget problem. Oavsett om det är till 10 000 människor eller 100 000 människor är det inget problem eftersom Han kan skapa något ur ingenting ändå. Det är väldigt likt hur det är med sjukdomar. Det är inte allvarlighetsgraden på sjukdomen som avgör hur lätt eller svårt det är att ta emot helande för den sjukdomen. Det som det beror på är individens tro. För Gud är alla sjukdomar likadana.

## Jesus gör tecknet med de två fiskarna och de fem bröden

"Jesus tog bröden, tackade Gud och delade ut till dem som var där, likaså av fiskarna, så mycket de ville ha. När de var mätta sade han till sina lärjungar: 'Samla ihop bitarna som blev över så att inget går förlorat.' De samlade ihop dem och fyllde tolv korgar med bitarna som blev över efter de fem kornbröden när de ätit." (6:11-13)

Jesus tog fiskarna och bröden från lärjungarna, tackade och började dela ut maten till människorna. Efter att ha följt efter Jesus hela dagen måste alla varit rejält hungriga! Den mängd mat som behövdes för att tillfredsställa deras hunger måste ha varit ofattbart mycket. Men vad hände? Alla fick så mycket bröd och fisk de ville ha, och maten tog inte slut. Över 10 000 människor hade ätit sig mätta, och ändå var det mat över. Jesus sade till sina lärjungar att samla ihop allt som blev över. Till deras stora förvåning blev det tolv korgar med bröd över.

Det finns en orsak till varför Jesus sade till lärjungarna att samla in det överblivna. Det överblivna var ett bevis på det tecken som Gud hade visat dem. Människor har en tendens att glömma bort vad som hände tidigare. Även efter att ha sett Guds kraft verka händer det att människor lätt glömmer bort det efter ett tag. Om den här dagen slutade med att alla fick äta sig mätta, då skulle den här händelsen bara varit ett underbart minne ett tag, och förr eller senare hade det blivit bortglömt. Men det faktum att så mycket fisk och bröd blev över var ett konkret bevis på att Gud hade utfört ett tecken.

Och vilken betydelse har de tolv korgarna? I Bibeln har alla nummer en betydelse. Nummer "12" är ett ljusets nummer, och det symboliserar fullkomlighet (Johannes 11:9). Om du ser på Israels tolv stammar, Jesu tolv lärjungar, och de tolv pärleportarna i Nya Jerusalem använder Gud numret "12" som ett tecken på utlovad välsignelse. Så när Skriften säger att det blev tolv korgar över betyder det att dessa personer hade handlat helt i ljuset, som är sanningen. Gud kommer att svara dem med välsignelser som flödar över.

### Folket som ville göra Jesus till kung

"När människorna såg vilket tecken han hade gjort, sade de: 'Han måste vara Profeten som ska komma till

: : Kyrkan för bröd- och fiskundret i Tabgha

världen!' Jesus förstod att de tänkte komma och göra honom till kung med våld, och han drog sig undan upp till berget igen, helt ensam." (6:14-15)

Ett tecken är något som händer genom Guds kraft som går långt bortom all mänsklig kapacitet. Människorna som såg det otroliga tecken som just hade hänt inför deras ögon, började tala upprymt med varandra. De blev alldeles till sig och ropade, "Inte bara att obotliga sjukdomar blir botade, men vi kan också äta så mycket vi vill, och när vi vill!" De bekände, "Han måste vara Profeten som ska komma till världen" och talet om det fantastiska som just hade hänt började spridas överallt.

Folket hade väntat länge på den Messias som profeterna i Gamla testamentet hade profeterat om (5 Mosebok 18:15). Till råga på allt var israeliterna under romarnas betryck. Bara att se Jesus gjorde att människor insåg att Han hade vishet, predikade kraftfulla budskap och gjorde tecken. Det fanns ingen annan som skulle kunna mätas med Honom, på alla områden. De tänkte att om Jesus blev kung skulle Han med all säkerhet befria dem från Rom. I stället för att få sann tro genom att se tecknet började folket söka efter sin egen ära.

Jesus visste att människorna ville göra Honom till kung med våld. Därför sade Han till sina lärjungar att ta båten över till andra sidan, och efter att ha sänt iväg folkmassorna drog Han sig upp på berget för att be (Matteus 14:22-23). Jesus gjorde inte tecknet med de två fiskarna och fem bröden för att bli kung. Han gjorde bara tecknet för att ge människorna ett bevis som bekräftade det ord Han undervisade; att få dem att tro på Honom, Guds Son, och på Gud som hade sänt Honom (Johannes 4:48; Markus 16:20).

# Jesus som gick på vattnet, och skaran som följde Honom

Galileiska sjön är omgiven Golanhöjderna och Hermons berg som är höga, branta berg. Sjön ligger också omkring 200 meter under havsnivå. På grund av dessa geografiska detaljer kan vädret vara väldigt svårt att förutse. Starka vindar kan blåsa upp här och där, ofta och oväntat.

"När det blev kväll gick hans lärjungar ner till sjön och steg i båten för att ta sig över till Kapernaum på andra sidan sjön. Det var redan mörkt, och Jesus hade fortfarande inte kommit till dem. Det blåste hårt och sjön började gå hög. När de hade kommit ungefär en halvmil ut fick de se Jesus komma gående på sjön och närma sig båten, och de blev förskräckta. Men han sade till dem: 'Det Är Jag. Var inte rädda!' Då ville de ta upp honom i båten. Och strax var båten framme vid stranden dit de var på väg." (6:16-21)

När kvällen närmade sig steg lärjungarna i en båt för att ta sig till Kapernaum. Som vanligt var vindarna väldigt starka. Med tiden växte vindarna sig starkare och sjön började gå hög, och båten som lärjungarna var i skakade ovanpå vågorna som ett nedfallet löv på en blåsig höstdag. Det var beckmörkt så lärjungarna kunde inte se något. När Jesus var med dem var de alltid välkomna överallt dit de kom, och allt var alltid bra. Men nu var de ensamma, utan Jesus, och otäcka vindar och vågor slog mot dem från höger och vänster. Det var naturligt att fruktan grep tag i dem.

När lärjungarna till slut kunde lägga ner årorna i vattnet och hade rott ungefär 4 kilometer såg de en gestalt som såg ut som en person ovanför de mörka vattnen. Jesus hade sett lärjungarna kämpa mot vinden och hade gått på vattnet för att komma till dem (Matteus 14:25). För en stund trodde lärjungarna att Han var ett spöke, och de ropade ut i fruktan. En människa som gick på vattnet var en otrolig syn! Så för att lugna de skräckslagna lärjungarna som inte hade kunnat känna igen deras lärare sade Jesus, "Det Är Jag: Var inte rädda!"

Om du läser i Matteus 14:28 ser du att Petrus säger till Jesus, *"Herre, om det är du, så befall mig att komma till dig på vattnet."* Till detta svarade Jesus, "Kom!" Petrus steg ur båten och gick på vattnet. Men snart såg han de höga vågorna, blev rädd och började sjunka i vattnet. Petrus ropade: "Herre, rädda mig!" Omedelbart drog Jesus upp honom ur vattnet och steg i båten med honom. Lärjungarna kunde inte känna igenom Jesus och blev fyllda med fruktan för att de använde sina köttsliga tankar i den situation de befann sig i. Den som lever i sanningen får frimodighet inför Gud, så fruktan kan inte komma in i dem (1 Johannes brev 3:21-22, 4:18). Det beror på att Gud alltid beskyddar och förblir med en person som lyder Hans befallningar.

Eftersom de såg Jesus mitt i sina svårigheter blev lärjungarna uppfyllda av glädje, mer än förut. Så fantastiskt det skulle vara, om något som inte går att lösa plötsligt löste sig genom Guds kraft! När Jesus steg i båten lade sig vinden. De som var i båten böjde sig inför Honom och bekände, *"Du är verkligen Guds Son!"* (Matteus 14:33). Och innan de visste ordet av det, hade deras båt nått fram till Kapernaums strand.

### Folket som kom till Kapernaum för att möta Jesus

"Nästa dag stod folket på andra sidan sjön. De hade sett att det bara hade funnits en båt där [förutom en, eng övers] och att Jesus inte gått ombord med sina lärjungar, utan att de hade gett sig av ensamma. Då kom andra båtar från Tiberias och lade till nära platsen där de hade ätit brödet efter att Herren uttalat tacksägelsen. När folket såg att Jesus inte var där och inte heller hans lärjungar, gick de i båtarna och kom till Kapernaum för att söka efter Jesus. De fann honom där på andra sidan sjön och frågade honom: 'Rabbi, när kom du hit?'" (6:22-25)

Folket som hade fått uppleva miraklet med de två fiskarna och fem bröden kunde inte glömma det starka intryck de hade fått dagen innan, och kom tillbaka till samma plats följande dag. De var säkra på att bara lärjungarna hade åkt till Kapernaum natten före i en av de två båtarna som låg vid strandkanten. Så de tänkte, "Eftersom Jesus inte åkte med dem, kanske vi kan möta Honom här." Men ingen var där längre. Eftersom en av båtarna fortfarande var där undrade folket var Jesus hade tagit vägen. Den båten som var kvar bevisar att Jesus gick på vattnet för att komma till andra sidan. Men folket som inte visste vad som hade hänt natten innan var alldeles förvånade och undrade, "Vad hände?"

Lyckligtvis kom det då andra båtar från Tiberias och människorna gick de i båtarna och for över till Kapernaum med hoppet om att hitta Jesus. När de kom dit var Jesus där. En av båtarna fanns fortfarande kvar på andra sidan och de var väldigt nyfikna på hur Jesus hade kommit över sjön utan båt. När de fann Honom frågade de, "Rabbi, hur kom du hit?"

Jesus visste varför de sökte efter Honom med sådant intresse. En del följde Honom för att de var betagna av Hans extraordinära undervisning och en del för att de var förundrade över de tecken Han gjorde. Men den allra största orsaken till att de sökte efter Honom var köttsliga. De sökte efter Jesus antingen för att bli botade från sjukdomar eller för att fylla deras magar med mat. Men de följde Honom inte för att de skulle kunna få andlig förståelse utan i stället för att få fler personliga och fysiska fördelar. Om de hade sökt Honom för andliga orsaker hade Jesus varit gladare, men sanningen var den att deras hjärtan var fokuserade på köttsliga ting.

## Vad måste vi göra för att göra Guds verk?

"Jesus svarade dem: 'Jag säger er sanningen: Ni söker mig inte för att ni har sett tecken, utan för att ni fick äta av bröden och bli mätta. Arbeta inte för den mat som tar slut, utan för den mat som består och ger evigt liv och som Människosonen ska ge er. På honom har Gud Fadern satt sitt sigill.' De frågade honom: 'Vad ska vi göra för att utföra Guds verk?' Jesus svarade: 'Detta är Guds verk: att ni tror på den som han har sänt.'" (6:26-29)

Jesus sade till folket som hade åkt över sjön till Kapernaum "Ni söker mig inte för att ni har sett tecken, utan för att ni fick äta av bröden och bli mätta. Arbeta inte för den mat som tar slut, utan för den mat som består och ger evigt liv och som Människosonen ska ge er. På honom har Gud Fadern satt sitt sigill."

Här handlar "mat som tar slut" om maten som till för kroppen och som vi äter. Ibland blir människor så fokuserade på mat för kroppen, och sådant som behövs för den korta fysiska tiden här på jorden, men det slutar med att de hamnar in på vägen mot evig död. Vilket ovist fokus det är! Detta betyder förstås inte att vi inte ska arbeta för att få mat till kroppen – det betyder helt enkelt att vi ska ge en högre prioritet på att få andlig mat. Jesus lovade dem att ge dem denna andliga mat.

Andlig mat är Guds ord som är sanningen. Precis som folk äter mat för att bevara det fysiska livet, måste vi äta Guds Ord, eller sanningen, för att bevara andligt liv. Det är Jesus som är den som ger den andliga maten. Han är den som Gud Fadern har "satt sitt sigill" på. Att sätta sitt sigill på något betyder det att något eller någons hållbarhet och kvalitet går att lita på; så ett sigill symboliserar "värd att lita på." Detta skriftställe säger därför att Gud har anförtrott Jesus uppdraget att frälsa mänskligheten. Jesus kom till den här världen och bar plågorna och lidandet på korset för våra synder.

Folket blev bekymrade när Jesus sade till folket att de inte skulle arbeta för mat som tar slut. Den enda orsaken till att de frågade, "Vad ska vi göra för att utföra Guds verk?" var inte för att de hade tro på Jesus utan för att de blev häpna över de tecken Han utförde. Jesus som visste vad de tänkte i sina hjärtan, svarade, "Detta är Guds verk: att ni tror på den han har sänt."

I dag är det många människor som bekänner deras tro på Gud. Men det finns en stor skillnad mellan att verkligen tro och att bara gå till kyrkan. Den som verkligen vet och tror på Herren handlar i lydnad till Guds Ord med glädje och tacksamhet. De får också uppleva Gud i deras dagliga liv. Men de som bara går till kyrkan och hem utan den här glädjen, lydnaden och tacksamheten – det är ingen skillnad mellan dem och otroende. Om de bekänner sig som kristna och ändå blir förtvivlade, började klaga, och bli föraktfull när de möter svårigheter, då åkallar de helt enkelt Herrens namn med sina läppar, och lever egentligen inte i sanningen.

Tro är inte bara att sin vana trogen gå till kyrkan på gudstjänst. Tro är att älska Gud och handla i enlighet med Hans Ord. Det är "Guds verk." Till de som frågar hur de ska göra Guds verk upplyser Jesus dem genom att ge dem ett andligt svar. Han säger till dem att tro på Jesus Kristus, den som Gud har sänt, och bli Guds heliga barn.

"Då sade de till honom: 'Vad gör du då för tecken, så att vi kan se det och tro på dig? Vad kan du göra? Våra fäder fick äta manna i öknen, som det står skrivet: Han gav dem bröd från himlen att äta.' Jesus sade till dem: 'Jag säger er sanningen: Det var inte Mose som gav er brödet från himlen, det är min Far som ger er det sanna brödet från himlen. Guds bröd är det som kommer ner från himlen och ger världen liv.'" (6:30-33)

Även fast Jesus gav dem ett andligt budskap ville folket ändå se ett tecken med sina egna ögon. De undrade om kanske Jesus skulle kunna ge dem bröd som kom ner från himlen, eller kanske Han kunde göra något som var ännu mer spektakulärt än det. De trodde inte att Jesus var Guds Son utan trodde i stället att Han bara var någon med övernaturlig kraft som en vanlig person inte hade. De såg på Honom som en profet som Mose, som gjorde så att manna föll från himlen under israeliternas uttåg.

Jesus säger i Matteus 12:39, *"Ett ont och trolöst släkte söker ett tecken, men det ska inte få något annat tecken än profeten Jonas tecken."* Någon som bara är intresserad av sig själv tror inte ens när de får höra andliga budskap utan fortsätter att begära tecken. Men för den som å andra sidan har ett gott hjärta räcker det med att höra sanningens Ord för att bli berörd, och de tar emot Jesus Kristus när någon delar evangeliet med honom. Det finns en skillnad mellan köttsliga personer och andliga. Eftersom Jesus visste vad som fanns i folkets tankar, undervisar Han dem om att Mose inte alls gav dem bröd från himlen med sin egen kraft; utan det kom från Gud. För att kunna visa dem att det finns en andlig värld – även om vi inte kan se den med våra ögon – betonade Han det faktum att mannat kom ner från himlen, och att de behövde tro på detta i sina hjärtan. Och eftersom de inte kunde förstå sådant som i sin natur är andligt, jämför Han det med bröd. Han säger att det bröd som kommer ner från himlen är liv och att det brödet kommer för att ge evigt liv.

## Jag är Livets bröd

"Då sade de till honom: 'Herre, ge oss alltid det brödet!' Jesus svarade: 'Jag är livets bröd. Den som kommer till mig ska aldrig hungra, och den som tror på mig ska aldrig någonsin törsta. Men som jag sagt er: Ni har sett mig och tror ändå inte. Alla som Fadern ger mig kommer till mig, och den som kommer till mig ska jag aldrig visa bort.'" (6:34-37)

Även fast Jesus använde bröd för att illustrera evigt liv, var folks sinnen fortfarande fokuserade på bröd som de så uppskattat hade ätit dagen innan. Eftersom de inte förstod den andliga innebörden bakom Jesu Ord, insisterade de på att Jesus skulle ge dem brödet som de kunde äta, precis som Mose hade gett manna till deras förfäder. Då ger Jesus ett oväntat svar, "Jag

är livets bröd. Den som kommer till mig ska aldrig hungra, och den som tror på mig ska aldrig någonsin törsta."
Jesus sade att Han var livets bröd. När Skriften säger att man ska komma till Jesus som är livets bröd, betyder det att man ska komma in i sanningen (Johannes 14:6). Bara när vi söker efter att leva i sanningen kan vi komma inför Herren, och ha allt i Honom. Till de som kommer inför Herren och lägger allt i Hans händer medan man ber och lever i sanningen, kommer Gud beskydda och välsigna deras familjer, deras arbetsplatser och allt annat, både andligt och fysiskt. Och när de tar emot kraft från ovan kan de göra sådant som når bortom deras begränsningar, och det viktigaste av allt, eftersom de har evigt liv kommer de aldrig gå hungriga eller törstiga.

Även om vi vinner berömmelse, makt och rikedomar i den här världen kommer alla dessa ting blekna bort som ånga när våra liv når sitt slut (Jakobs brev 4;14). Som det står i Predikaren 1:8, *"Allting är fullt av möda, människan kan inte beskriva det. Ögat blir inte mätt av att se, örat blir inte fullt av att höra."* Kommer människan vilja ha mer, oavsett hur mycket gott man har fått. Så en person som arbetar för att uppnå köttsliga ting och inte förlitar sig på Gud kommer enbart att vinna så mycket han har arbetat för, och aldrig veta något om vad som ligger längre fram i livets vindlingar. Och ibland kan han till och med få uppleva oväntade faror och fallgropar. Dessutom kommer han aldrig finna ett tillstånd då han känner sig tillfredsställd på ett sant sätt.

Även fast Jesus undervisade folket om vägen så att de aldrig mer skulle törsta eller hungra, sökte ändå människorna efter vad de kunde äta och vad de kunde få där och då. Människor som är sådana, som jagar efter det som har med köttet att göra, har ondska i sina hjärtan. Det är därför de, trots att Jesus gjorde fantastiska tecken och under för dem, tvivlade och inte trodde på Honom. Det gick in genom ena örat och ut genom det andra. Å andra sidan bekände de människor som såg Jesu tecken och under och som hade goda hjärtan, *"Om han inte var från Gud skulle han inte kunna göra någonting"* och de erkände Honom som Guds Son (Johannes 9:33). Det var därför Jesus sade, "Alla som Fadern ger mig kommer till mig, och den som kommer till mig ska jag aldrig visa bort." Människor med godhet i sina hjärtan är redo att ta emot frälsning i sina hjärtans centrum. Så när de hör om Guds verk, kommer de fram till Jesus och vill veta mer. Även om någon i dag inte känner Gud, om han har ett gott hjärta kommer han någon dag att komma inför Jesus och acceptera Honom som sin Frälsare.

Herren kommer aldrig visa bort någon som har godhet i sitt hjärta. Även om någon har syndat och dragit sig undan från Gud, så länge han omvänder sig och vänder tillbaka, kommer Gud att förlåta honom och inte ens längre komma ihåg hans synd (Hebreerbrevet 8:12). Det är Guds kärlek.

Innan jag mötte den levande Guden tänkte jag också, "Det finns ingen Gud. När jag dör är det slut." Men djupt inne i mitt hjärta förnekade jag inte livet efter döden, och jag brukade vara rädd och tänka, "Vad händer om det finns ett helvete? Vad kommer att hända om jag dör och hamnar i helvetet?" Det var därför jag försökte leva med godhet. Och när Gud botade mig från alla mina sjukdomar tog jag emot Herren direkt.

## Jag gör Hans vilja som har sänt mig

"Jag har inte kommit ner från himlen för att göra min egen vilja, utan hans vilja som har sänt mig. Och detta är hans vilja som har sänt mig: att jag inte ska förlora någon enda av alla dem som han har gett mig, utan låta dem uppstå på den yttersta dagen. Ja, detta är min Fars vilja: att var och en som ser Sonen och tror på honom ska ha evigt liv, och jag ska låta honom uppstå på den yttersta dagen." (6:38-40)

Som Guds Son kom Jesus in i den här världen i köttet. Under Hans tjänst ville Han aldrig visa upp sig själv utan gav all ära till Gud. För att förebygga alla slags missförstånd från människor som såg Honom med sina fysiska ögon, talade Jesus alltid bara om Gud, och allt Han gjorde var Guds vilja.

När Jesus säger, "jag inte ska förlora någon enda av dem alla" menar Han att Han inte har något ont i sitt hjärta och inte gör något som skulle kunna göra så att någon vänder sig bort från Gud, och på grund av Hans kärlek till syndarna gav Han sitt liv för att betala straffet för deras synder. Han visade inte bara kärlek till alla människor, med varje själ Han mötte tog Han särskild vård om för att bevara dem så att de inte skulle gå vilse, och Han försökte ge dem alla möjligheten att omvända sig. Så när Jesus säger att Han "inte ska förlora någon enda" menar Han att Han inte kommer förlora en enda eftersom alla som accepterar Honom och gör sig av med synd och ondska från sitt hjärta och kommer in i sanningen blir ett Guds barn.

Orsaken till att Jesus kom in i den här världen var så att alla människor skulle kunna få evigt liv och uppstå igen på den sista dagen. Så på vilket sätt ska en person kunna få liv igen? När en bonde sår säd, dör säden, men ett nytt skott skjuter upp från det. Och under vintern ser träden kala och döda ut, men när våren kommer börjar knoppar skjuta skott och träden får liv på nytt. Som en mask förvandlas till en cikada och en puppa förvandlas till en fjäril, så ska alla människor som tror på Honom, på den sista dagen, när Herren återvänder, bli förvandlade till uppståndelsekroppar.

Som det står skrivet i 1 Korintierbrevet 15:52, *"i ett nu, på ett ögonblick, vid den sista basunens ljud. Basunen ska ljuda och de döda ska uppstå odödliga, och vi ska förvandlas"* kommer de troendes kroppar som redan har dött att uppstå och förvandlas till oförgängliga uppståndelsekroppar när Herren kommer tillbaka, och förenas med deras ande som finns i himlen. Omedelbart kommer även troende som fortfarande lever förvandlas till uppståndna kroppar och bli uppryckta. Det är vad som kallas "uppryckelsen."

Och i dessa andliga kroppar kommer troende delta i den sjuåriga bröllopsbanketten på skyarna, och sedan återvända till jorden för att regera med Herren i ett tusen år. Efter det kommer domen vid den stora vita tronen, och efter det kommer de eviga boplatserna i himlen för alla troende fördelas beroende på vilka belöningar de kommer att få.

# Äta Människosonens kött och dricka Hans blod för att få evigt liv

Efter sydriket Judas fall och templets förstörelse behövde judarna en ny församling och en ny plats att leva ut livet i tron. Det är den historiska bakgrunden till hur den judiska synagogan föddes. Synagogan blev en plats för alla slags möten och det blev också ett resurscenter för många olika delar, som utbildning för barn, och för lagen. Det var i synagogan i Kapernaum som Jesus undervisade att Han var livets bröd som kom ner från himlen.

## Judarna klagar över Jesus

"Judarna började klaga över att han hade sagt: 'Jag är brödet som kommit ner från himlen.' De sade: 'Den här Jesus, är inte han Josefs son? Känner inte vi hans far och mor? Hur kan han då säga: Jag har kommit ner från himlen?' Jesus svarade: 'Sluta klaga sinsemellan. Ingen kan komma till mig om inte Fadern som har sänt mig drar honom, och jag ska låta honom uppstå på den yttersta dagen. Det står skrivet hos profeterna: De ska alla ha blivit undervisade av Gud. Var och en som har lyssnat till Fadern och lärt av honom kommer till mig. Ingen har sett Fadern utom han som är från Gud, han har sett Fadern.'" (6:41-46)

Judarna började klaga sinsemellan. De var säkra på att Jesus var född av Maria och Josef. De hade också sett Honom bo mitt bland dem. Men eftersom Jesus nu hävdade att Han kom ner från himlen förstod de inte vad Han menade. Men de klagade eftersom de såg på Jesus enbart med sina köttsliga ögon. Även fast Han visade att Gud var med Honom genom mirakulösa tecken och under, var de förblindade av sina köttsliga tankar, och de trodde inte.

Så med en mild ton sade Jesus till dem, "Sluta klaga sinsemellan. Ingen kan komma till mig om inte Fadern som har sänt honom drar honom." Detta gäller också oss i dag. Om Gud inte vakar över våra sinnen och hjärtan och leder våra steg kan ingen komma till Jesus. Att lyssna på Ordet och förstå det är också enbart möjligt genom Guds nåd.

Detta uttalande, "Var och en som har lyssnat till Fadern" betyder inte att någon får möta Gud och lyssna på Honom ansikte mot ansikte. Det betyder att när någon lyssnar på Ordet eller läser det, ger Gud honom den upplysning eller förståelse han behöver. Någon som med andra ord tillber Gud i ande och i sanning med tro kommer att lyssna på Herrens tjänares Ord och ta emot det som om orden kom direkt från Gud. En sådan person kommer att ledas till insikt. Det finns specialfall där människor faktiskt möter Gud ansikte mot ansikte, eller hör Hans röst direkt, som Mose och Elia; men i de flesta fall möter människor Honom genom att studera och förstå Hans ord, eller genom visioner och annat sådant. Även om vi inte egentligen ser Gud med våra ögon, kan vi fortfarande möta Honom och få uppleva Honom när vi studerar Bibeln, när den Helige Ande rör vid oss.

Låt oss till exempel säga att vi förstår att det är Guds vilja att vi ska älska även våra fiender, och vi försöker förlåta och älska någon som vi verkligen inte tycker om. Vi kan då göra oss av med synden "hat" och få andlig kärlek med hjälp av den Helige Andes styrka beroende på hur mycket vi försöker. När vi gör detta, bär vi kärlekens frukter, Andens frukter och sanningens frukter – vilket är vad det betyder att "komma" till Jesus och till Gud.

När judarna hörde att alla som har lyssnat till Fadern kan komma till Jesus, missförstod de och frågade, "Vem såg Gud? Och när hade de hört från Honom?" Det är därför Jesus lade till detta att det inte riktigt betyder att någon fysiskt har "sett" Fadern.

## Brödet som jag ger är mitt kött, för att världens ska leva

"Jag säger er sanningen: Den som tror har evigt liv. Jag är livets bröd. Era fäder åt mannat i öknen, och de dog. Här är brödet som kommer ner från himlen för att man ska äta av det och inte dö. Jag är det levande brödet som har kommit ner från himlen. Den som äter av det brödet ska leva i evighet. Och brödet som jag ger är mitt kött, för att världen ska leva." (6:47-51)

Om du inte betalar ett pris för något kan du inte få det. Även om du kan livets Ord, kan du inte få evigt liv om du inte tror på det och handlar i enlighet med det (Jakobs brev 2:22). Någon som inte känner Gud kommer hata, förakta och leva sitt liv i enlighet med sina begär. Men den som har tro kommer, i enlighet med Guds Ord att göra sig av med avundsjuka, svartsjuka och ondska, och sträva efter att leva ett liv i glädje och tacksamhet. Det beror på att han känner och tror att han kan ha evigt liv så länge han lever i enlighet med Ordet.

Israeliterna som kom ut från Egypten åt mannat som Gud hade sänt, men förutom Josua och Kaleb dog de alla i öknen. Trots att de hade sett mängder av tecken och under, föraktade och klagade de närhelst de mötte svårigheter, i stället för att visa deras tro. Trots att de åt mannat sänt från Gud från himlen kunde de inte få sant liv eftersom de inte handlade i tro.

Men Jesus säger att Han är livets bröd, och att den som äter av Hans kött inte kommer att dö utan leva för evigt. Så hur kan vi äta någons kött som var här för två tusen år sedan? Skriften menar inte att vi ordagrant ska äta Jesu kött. Precis som vi äter mat för att bevara livet i våra fysiska kroppar, behöver vi äta det bröd som Herren ger oss, eller Hans "kött", för att kunna leva för evigt. Och Herrens "kött" är en symbol för Guds Ord. En person som lyssnar på Guds Ord och handlar i enlighet med det, kommer vid slutet att uppstå och leva för evigt; och det är därför som Jesus kallade sig själv "livets bröd."

## För mitt kött är verklig mat och mitt blod är verklig dryck

"Judarna började då tvista med varandra och säga: 'Hur kan han ge oss sitt kött att äta?' Jesus svarade: 'Jag säger er sanningen: Om ni inte äter Människosonens kött och dricker hans blod har ni inte liv i er. Den som äter mitt kött och dricker mitt blod har evigt liv, och jag ska låta honom uppstå på den yttersta dagen. Mitt kött är verklig mat och mitt blod är verklig dryck.'"
(6:52-55)

När Jesus kallade sitt kött för livets bröd, hånade judarna Honom. De började tvista med varandra och frågade sig hur de skulle kunna äta Jesu kött. Om de hade haft ett uns av godhet i sina hjärtan som hade uppmanat dem till att försöka förstå vad Jesus menade, skulle de antagligen ha blivit upplysta av den andliga innebörden i Hans ord. Men de började klaga och fördöma bara för att Hans ord inte passade deras egna tankar och åsikter. Därför började de tvista.

Men Jesus fortsatte att lära ut sitt andliga budskap. Han sade att de måste äta Människosonens kött och dricka Hans blod för att kunna ha liv i dem. Så vad representerar Människosonens kött och blod?

Eftersom Jesus kallade sig själv för "Son", är Människosonens kött Jesu kött. Men om du ser på Johannes 1:1 står det, *"I begynnelsen var Ordet, och Ordet var hos Gud, och Ordet var Gud."* Och i vers 14 står det, *"Och Ordet blev kött och bodde bland oss, och vi såg hans härlighet, den härlighet som den Enfödde har från Fadern. Och han var full av nåd och sanning."* Detta betyder att Jesus kom in i denna värld i köttet, som Guds Ord. Så Människosonens kött är Guds Ord, vilket är sanningen själv; och att äta Människosonens kött innebär att man äter Guds Ord som andlig mat. Jesus visade oss hur detta ska gå till, genom att handla i sanningen – exakt i enlighet med Guds Ord – och genom att göra så mitt ibland oss, gav Han oss sitt kött.

När vi äter mat behöver vi skölja ner det med någon dryck. På samma sätt behöver vi tillsammans med Människosonens kött dricka sanningen, vilket är Människosonens blod. Att dricka "Människosonens blod" betyder att man tar Guds Ord som man tagit som andlig mat, och sedan handlar på dem med tro. Om vi till exempel har lärt oss befallningen, "Be" behöver vi be, bygga upp oss själva och försöka handla i enlighet med sanningen.

Tro är inte bara att lyssna på Guds Ord och bli upplyst av det. Det är att handla på det och förbli i det. Från Jakobs brev 2:26 vet vi att om vi känner Ordet men inte handlar i enlighet med det, då har vi död tro. Död tro kan inte ge oss liv. Ett liv som man fått genom att äta Jesu Kristi kött och dricka Hans blod kommer att leva för evigt. Jesus jämförde sitt kött och blod med verkligt bröd och verklig dryck. Han gjorde det eftersom precis som vi behöver dagligt bröd för att överleva, behöver vi äta Hans kött och dricka Hans blod för att kunna leva för evigt. Men vi kan inte leva i enlighet med Guds Ord bara med mänsklig styrka. Först måste vi ha viljan och styrkan att försöka leva i enlighet med Hans ord. Sedan behöver vi ta emot Herrens nåd och kraft genom brinnande bön, och till sist behöver vi ta emot hjälp från den Helige Ande. Om vi hade kunnat göra oss av med våra synder med egen styrka, hade Jesus inte behövt bli korsfäst på korset, och Gud hade inte behövt sända ner den Helige Ande. Eftersom vi själva inte kan lösa syndaproblemet var Jesus tvungen att dö på korset för att betala straffet för våra synder, och Gud var tvungen att sända den Helige Ande för att hjälpa oss att leva i enlighet med Hans Ord.

### Den som äter mitt kött och dricker mitt blod

"'Den som äter mitt kött och dricker mitt blod förblir i mig och jag i honom. Liksom den levande Fadern har sänt mig och jag lever genom Fadern, ska också den som äter mig leva genom mig. Detta är brödet som har kommit ner från himlen, inte som det bröd fäderna åt och sedan dog. Den som äter det här brödet ska leva i evighet.' Detta sade han när han undervisade i synagogan i Kapernaum." (6:56-59)

Folk tror att när de tror på Jesus förblir de automatiskt i Jesus och Jesus i dem. Men Bibeln säger inte så. Det står att man måste äta Människosonens kött och dricka Hans blod. Jesus kom inte in i den här världen på egen hand. Han sändes till denna värld av Gud. Men judarna hade ett problem med det blotta faktum att Gud hade sänt Honom hit. Eftersom Jesus uppenbarligen var sänd av Gud sade Han, som bevis på detta, "ska också den som äter mig leva genom mig."

På den tiden kunde inte ens lärjungarna förstå vad Jesus menade; men efter att Jesus dött på korset och uppstått förstod de. Varför sade Jesus då sådana här saker på ett andligt sett så att ingen riktigt kunde förstå? Det var för de som skulle komma längre fram i framtiden. Som det står i Johannes 14:26, *"Men Hjälparen, den helige Ande som Fadern ska sända i mitt namn, han ska lära er allt och påminna er om allt som jag sagt er."* Sade Jesus sådana ting så att människorna i framtiden som skulle ta emot den Helige Ande skulle läsa och förstå dessa ord och få styrka genom dem.

# Lärjungarna som lämnade Jesus

Generellt sett har människor en tendens att tro först när de har sett något med egna ögon. När någon talar om den andliga världen som inte kan ses med de fysiska ögonen försöker de inte ens tro. Jesus visste att det till och med bland Hans lärjungar fanns några, som judarna, som klagade sinsemellan för att de inte kunde förstå Hans andliga ord. Men Jesus fortsätter att tala andliga ord till dem för att de senare skulle få se Honom dö på korset, uppstå och uppstiga till himlen.

### Det är Anden som ger liv, köttet hjälper inte

"Många av hans lärjungar som hörde det sade: 'Det här är en svår tanke. Vem står ut med att höra den?'

Jesus förstod inom sig att hans lärjungar klagade över detta, och han sade till dem: 'Tar ni anstöt av det här? Tänk då om ni får se Människosonen stiga upp dit där han var förut! Det är Anden som ger liv, köttet hjälper inte. De ord som jag har talat till er är Ande och liv.'" (6:60-63)

När Jesus undervisade på mötesplatsen i Kapernaum var det några av Jesu lärjungar som talade sinsemellan och sade att Hans undervisning var svår att förstå. Undervisningen som var svår att omfatta och förstå var att Jesus var "brödet som kommit ner från himlen" och att man måste "äta Hans kött för att leva." Och om inte Jesu lärjungar kunde förstå, hur svårt var det då inte för alla andra människor att förstå!

Jesus visste mycket väl vad som fanns i lärjungarnas hjärtan. Han var ledsen över att Han inte kunde ge dem undervisning om djupare dimensioner i den andliga världen. Han bara talade sanningen, och det blev en stötesten för dem. Människor med många stötesstenar i sina hjärtan har dem för att de har många former av ondska inom sig. Jesus visste att lärjungarna klagade sinsemellan och frågade dem, "Tar ni anstöt av det här?" Han ville ge dem det korrekta svaret. Sedan frågade Han vad de skulle göra om de fick se Honom dö, uppstå och uppstiga till himlen.

Anden kommer från Gud, och "ande" är oföränderlig, god och sann. Anden ger oss liv och leder oss till slut till evigt liv. Tecken på att man är i Anden är att man lyder, ber, älskar, förlåter osv. Motsatsen, att vara i köttet, är att inte vara i sanningen vilket slutligen leder till döden. Ett liv i tro som är baserat på köttet syns på det sättet att man är motvillig till att be, man hatar, dömer och fördömer osv samt att man har ondska i sitt hjärta, vilket är motsatsen till att älska och förlåta.

När någon är i köttet kan den personen orsaka missförstånd och göra så att bråk uppstår. Två människor kan ta emot samma ord av tillrättavisning eller förmaning, men en andlig person kommer lyda, ändra sin väg och omvända sig, medan en köttslig person kommer känna sig arg eller bära med sig obehagliga känslor i sitt hjärta. Med en sådan tro baserat på köttet kan man inte ta emot evigt liv. Om vi bara tar emot Guds Ord med våra huvuden som kunskap och om vi dömer och fördömer, då leder vi alltså ett liv i tro som är baserat på köttet.

Det här ger oss inte liv; därför måste vi snabbt förändra den här tron så att den är baserad på Anden. Vi behöver ta till oss Guds Ord, inte med våra tankar och vår kunskap, utan med våra hjärtan och den Helige Ande. Vi behöver öppna våra hjärtan stort och med ett starkt "Amen!" behöver vi ta till oss det som andlig mat. Det hjälper inte om vi är diakoner eller äldstebröder i församlingen om vi lever ett liv i tro baserat på köttet, när svårigheter kommer vår väg kan vi inte övervinna dem med sann tro.

Å andra sidan, när vi är i Anden kan vi göra allt. Det som med mänskligt sinne verkar omöjligt är möjligt i Anden med tro. Som Herren sade, allt kan ske i enlighet med vår tro. Om vi har andlig tro kan allt hända som vi tror. På grund av denna stora skillnad mellan att vara i Anden och att vara i köttet, betonade Jesus det faktum att vi behöver göra oss av med köttet, som inte hjälper alls, och sträva efter att vara i Anden. Så allt Jesus lärde sina lärjungar fram till nu hade varit ande och liv, och Han ville verkligen att Hans undervisning skulle ge liv till dem och leda dem till evigt liv.

## Lärjungarna drog sig undan för att de inte kunde förstå det andliga budskapet

"'Men det finns några bland er som inte tror.' Jesus visste redan från början vilka som inte trodde och vem det var som skulle förråda honom. Han fortsatte: 'Det var därför jag sade till er att ingen kan komma till mig om han inte får det givet av Fadern.' Efter detta drog sig många av hans lärjungar undan och slutade vandra med honom." (6:64-66)

Det var fullt naturligt att judarna inte kunde förstå Jesu andliga budskap. Men inte ens Hans lärjungar, som hade tillbringat en lång tid med Honom kunde förstå eller tro Hans budskap. De förstod först efter Jesu uppståndelse, men vid den här tiden gick det inte att förstå. Jesus visste redan att bland dem fanns Judas Iskariot som inte skulle komma till tro ens till slut. Det var därför Han talade om den som skulle förråda Honom; och tråkigt nog var det precis vad Judas gjorde. Han sålde sin lärare och gick in på dödens väg.

Människorna som följde Honom hoppades på att få se mer tecken, som det med de två fiskarna och fem bröden och förstod inte heller de andliga budskapen, och de drog sig också undan Jesus. Det är därför Jesus sade att ingen kan komma till Honom om inte Gud låter det ske. Det gäller än i dag. Det händer att det finns människor som inte kan leva i sanningen och det slutar med att de lämnar församlingen. Eftersom Guds Ord som ges ut från altaret är som ett tveeggat svärd som skiljer själ och ande åt, märg och ben, finns det människor som inte kommer kunna stå ut med det, och de kommer lämna. Men om de verkligen vet att det finns evigt liv och frälsning i Guds Ord, kommer de inte lämna.

### Till vem skulle vi gå? Du har det eviga livets ord.

"Då sade Jesus till de tolv: 'Inte tänker ni väl också gå?' Simon Petrus svarade honom: 'Herre, till vem skulle vi gå? Du har det eviga livets ord, och vi tror och förstår att du är Guds Helige.' Jesus svarade dem: 'Har jag inte själv valt ut er tolv? Ändå är en av er en djävul.' Han menade Judas, Simon Iskariots son. Det var han som skulle förråda honom, och han var en av de tolv." (6:67-71)

Efter att Jesus hade gjort tecken och under var det många människor som ville bli Hans lärjungar och följa Honom. Men på grund av att de inte kunde förstå Hans andliga budskap började de gå, en och en. Jesus passade inte den bilden av Messias de hade i sina tankar. Hur tror du att Jesus kände det, när Han såg på dessa människor?

Så Jesus frågade de tolv lärjungarna, "Inte tänker ni väl

också gå? Petrus, som vanligtvis tyckte om att vara väldigt involverad, gör ett överraskande uttalande, "Herre, till vem skulle vi gå? Du har det eviga livets ord, och vi tror och förstå att du är Guds Helige."

Som en storebror var Petrus alltid på gång. Närhelst Jesus och Hans lärjungar var på väg någonstans, var Petrus där och ledde och visade vägen för alla andra. Men även Petrus, som bekände att Jesus är Guds Helige, och att han aldrig skulle lämna Honom, förnekade Jesus tre gånger den natt då Jesus blev arresterad. Petrus hade det inte i sitt hjärta att göra så, men eftersom det var innan han tog emot den Helige Ande och hans kött fortfarande var svagt, valde han den reaktionen innan han ens hunnit tänka efter.

Jesus visste också att det bland de tolv lärjungarna som Han hade utvalt, fanns en som skulle förråda Honom för pengar. Det här är vad vi behöver vara försiktiga med. Bara för att en person tillbringat tid med Jesus, lyssnat på Hans Ord och sett miraklerna Han gjorde, betyder det inte att han har frälsning.

När Judas Iskariot först blev Jesu lärjunge kunde han förmodligen aldrig föreställa sig att han skulle förråda sin mästare för pengar. Han satte inte sanningens Ord som han lärde sig från Jesus i handling; i stället började han synda lite i taget genom att stjäla från kassan. Eftersom han gav efter för Satans frestelser och syndade, sade Jesus, "ändå är en av er en djävul." Det är därför vi aldrig ska stanna vid att bara känna till Guds Ord; vi behöver ta Människosonens kött och dricka Hans blod, leva i sanningen och på så sätt vandra mot evigt liv.

## Kapitel 7

# Undervisningen under Lövhyddohögtiden

1. Jesus går i hemlighet till Jerusalem
   (7:1-13)

2. Jesus uppenbarar sig själv i templet
   (7:14-31)

3. Judarna försöker gripa Jesus
   (7:32-53)

# Jesus går i hemlighet till Jerusalem

Jesus predikade framför allt i de norra delarna av Israel eftersom Hans tjänst var baserad i Galileen, i Kapernaum och Betsaida. Dessa områden hade en stark närvaro av människor från hednanationer; så folket i dessa områden uteslöt eller förföljde inte Jesus. Men de från de södra delarna, Judéen, framför allt omkring Jerusalem, förföljde Jesus till den grad att de försökte döda Honom.

## När Lövhyddohögtiden närmade sig

"Därefter vandrade Jesus omkring i Galileen. Han ville inte vandra i Judeen, eftersom judarna var ute efter att döda honom. Judarnas lövhyddohögtid närmade sig." (Johannes 7:1-2)

Judarna hade en stor nationell stolthet och var väldigt säkra på att de lydde alla Guds bud. Men eftersom Jesus tillrättavisade och pekade ut fariséernas och sadducéernas fel, de som var de politiska ledarna på den tiden, tyckte judarna inte riktigt om Jesus. Och eftersom Jesus kallade sig själv Guds Son tyckte de att Han uppträdde hädiskt. Jesus försökte upplysa dessa människor med Guds sanna Ord. Men då och då ville Han undvika dem.

Att undvika sådana människor hela tiden utan en giltig orsak är förstås inte Guds vilja. Aposteln Paulus till exempel, han visste att om han gick upp till Jerusalem skulle judarna arrestera honom. Men han gick dit ändå eftersom det var Guds vilja. För att kunna leva efter Guds Ord kompromissade inte Daniel och hans vänner med sin omgivning, även om det betydde att de skulle kastas i lejongropen eller den brinnande ugnen. Om vi på samma sätt vet att något är Guds vilja behöver vi kunna göra det, utan fruktan för döden. Och det finns gånger då vi är upptagna med att göra Guds vilja, som vi behöver vara visa och undvika något eller någon.

När Saul var ute efter att döda David var David tvungen att spela galen inför Akish, kungen i Gat, för att rädda sitt eget liv. Det var för att han inte hade råd att riskera sitt liv innan Guds tid ens hade kommit. Jesus handlade också vist och undvek en del konfrontationer då och då för att kunna utföra Guds vilja i rätt tid.

Omkring den här tiden närmade sig judarnas lövhyddohögtid. Lövhyddohögtiden kallas också "Sukkot" och det är ett firande av skördetidens slut när det judiska folket sätter upp tält och tackar Gud och kommer ihåg hur deras förfäder kom ut ur Egypten. Under detta firande är man tacksam och kommer ihåg hur Gud räddade israeliterna från Egyptens fångenskap och slaveri. De kommer också ihåg hur Gud alltid ledde dem och beskyddade dem i öknen. Israeliterna har fortsatt att hålla denna högtid helig genom att offra tjurar eller baggar som offer varje dag under sju dagar. Detta är en tradition som har fortsatt under många generationer.

## Jesu bröder försökte övertala Honom

"Hans bröder sade till honom: 'Ge dig av härifrån och gå bort till Judeen, så att dina lärjungar också får se de gärningar du gör. Man gör inte saker i hemlighet om man vill bli känd. Om du gör sådana gärningar, visa dig då öppet för världen!' Inte ens hans bröder trodde på honom." (7:3-5)

Folket brukade normalt bege sig upp till templet i Jerusalem för att fira Lövhyddohögtiden. Lövhyddohögtiden närmade sig och det verkade inte som att Jesus planerade att bege sig till Jerusalem och det gjorde Hans bröder besvikna. De ville att Jesus skulle gå till Jerusalem och utföra mirakulösa tecken, och sedan gå runt i Judéen och dra till sig folks stöd. "Ge dig av härifrån och gå bort till Judéen, så att dina lärjungar också får se de gärningar du gör."

Jesu bröder försökte övertala Honom att vinna publicitet

eftersom Hans tjänst gjorde gott för så många människor. De gav Honom rådet, "Man gör inte saker i hemlighet om man vill bli känd." Det kan låta som ett logiskt råd, och det kan till och med verka som ett bra råd. Men som det står skrivet, *"En människa gör upp planer i sitt hjärta, men från Herren kommer vad tungan svarar"* (Ordspråksboken 16:1), spelar det ingen roll hur rätt en persons tankar eller idéer kan verka, om det inte stämmer med Guds vilja, har det ingenting med Gud att göra.

Ett bra exempel på någon som fick uppleva det här var kung Saul, Israels första kung. Gud sade åt Saul att förgöra allt som tillhörde amalekiterna, men Saul var olydig. Han tillfångatog fiendekungen och tog med sig det bästa av boskapen och fåren tillbaka. Saul resonerade att det skulle vara bra att offra boskap och får av god kvalitet till Gud, och han gjorde som han själv ville. Hans yttre orsak för att ta med sig djuren var att ge ett offer till Gud; men i sitt hjärta hade han en längtan att visa sina stora gärningar inför sitt folk och vinna deras gunst. Så till slut, eftersom Saul fortsatte att vara olydig mot Gud, och vägrade att ändra sig, beslutade Gud sig för att förskjuta honom.

Eftersom Jesu bröders egna tankar på samma sätt föregick Guds vilja, blev de otåliga med Jesus eftersom Han alltid skulle vänta på Guds utvalda tid. Det var framför allt på grund av deras brist på tro på Jesus. Om Jesu bröder åtminstone hade haft en grundläggande nivå av förtröstan på Jesus och hade vetat att Jesu vilja enbart var att uppfylla Guds vilja i allt Han gjorde, skulle de inte ha talat på det sättet. I stället för att kommentera det som de såg med egna ögon, skulle de förmodligen ha försökt förstå den andliga innebörden i allt som Jesus gjorde. När du litar på Jesus tillräckligt för att lyda allt Han säger åt dig att göra, utan att ifrågasätta, det är då du börjar se och förstå. Vid bröllopet i Kana sade jungfru Maria till tjänarna att göra vad Jesus än sade till dem, eftersom hon visste vem Jesus var. Det betyder verkligen att Maria måste ha lärt sina barn vem Jesus var. Men de trodde inte på Honom. De började tro först efter att Jesus uppstått och uppstigit till himlen.

## Jesus svarar, och vet när Hans tid är inne

"Jesus sade till dem: 'Min tid har inte kommit än, men för er är det alltid rätt tid. Världen kan inte hata er, men mig hatar den därför att jag vittnar om att dess gärningar är onda. Gå ni upp till högtiden. Jag går inte upp till den här högtiden än, för min tid är ännu inte inne.' Så sade han och stannade i Galileen." (7:6-9)

När Hans bröder hade uppmanat Honom att göra sig mer offentligt känd, svarade Jesus, "Min tid har inte kommit än." Först verkar Hans svar vara väldigt på måfå. Men det finns en orsak till varför Jesus svarade dem så här. Som det står skrivet i Predikaren 3:1, *"Allt har sin tid, allt som sker under himlen har sin stund."* Fanns det en särskild tid då Jesus skulle visa sig själv för att bli tillfångatagen för att kunna fullföra Guds vilja. Om Hans bröder hade haft tro skulle Jesus förmodligen ha förklarat allt detta mer detaljerat, men eftersom de inte hade tro avstod Han från att förklara i detalj för dem.

Även fast Jesus bara gjorde goda gärningar för att rädda dem som var på väg mot evig död, hatade världen Honom. Eftersom Jesus spred Ord av ljus och Ord av godhet i en värld som stod under fienden djävulens auktoritet, som har kontroll över mörkret, var Han inte välkommen.

Och eftersom Jesus pekade ut ondska och undervisade om godhetens vägar, kände onda människor sig träffade i sina hjärtan. Det var inte bara att ondska inom dem nu syntes i dagsljuset; de kunde inte heller visa Guds härlighet som Jesus gjorde. Det är inte konstigt att de var avundsjuka på Jesus och till och med hatade Honom. Och Jesus visste att det ännu inte var tid för Honom att visa sig för människor av den sorten. Det är varför Han sade till sina bröder att gå i förväg upp till templet medan Han själv stannade i Galileen.

### Jesus går i hemlighet upp till Jerusalem

"Men när hans bröder hade gått upp till högtiden gick han också dit, inte öppet utan i hemlighet. Judarna sökte efter honom under högtiden och frågade: 'Var är han?' Och bland folket talades det mycket i det tysta om honom. En del sade: 'Han är god.' Andra sade: 'Nej, han förleder folket.' Men ingen talade öppet om honom av rädsla för judarna." (7:10-13)

Efter att Hans bröder hade gått upp till templet gick Jesus i hemlighet upp till Jerusalem. Han visste exakt när Han skulle

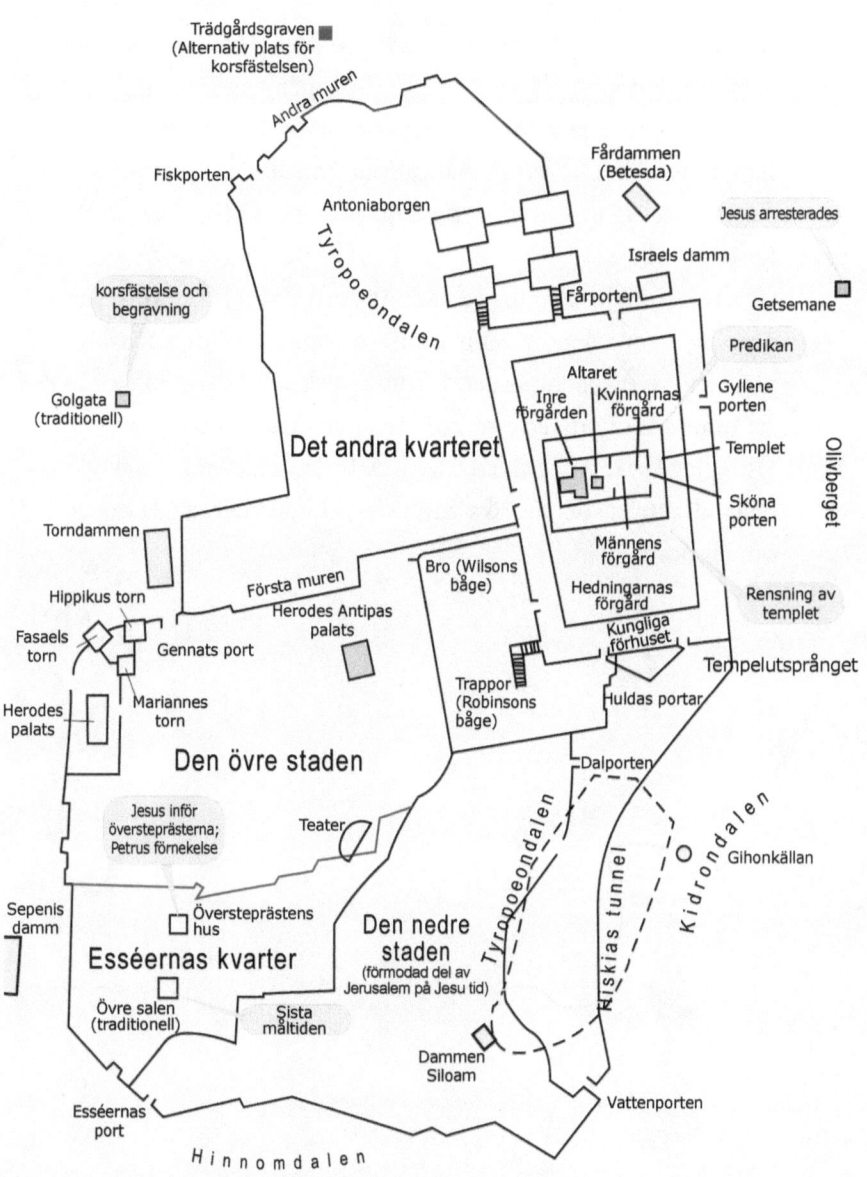

gå och när Han skulle stanna, och i varje steg Han tog gick Han bara dit Gud ledde Honom att gå. När människorna samlades till högtiden började judarna leta efter Jesus. De visste att Han skulle vara där. Det var så många som pratade om Honom. En del sade att Han var en god människa och andra sa att Han förledde folket.

Eftersom Jesus gjorde sådant som mänskligt sett var omöjligt fanns det en del människor som var väldigt nyfikna på Honom. Ändå fanns det de som gjorde allt i deras makt för att hindra Honom. Människor med goda hjärtan visste att det Jesus gjorde var gott och rätt. Men av fruktan för att Jesus skulle behandlas fel av det judiska samhället, kunde de inte tala öppet om Honom.

# Jesus uppenbarar sig själv i templet

Jesus kunde anpassa sig till varje situation och predika evangeliet på många olika sätt. Ibland undervisade Han på berget, ibland på öppna fält, och ibland stod Han i en båt på vattnet och talade till folket som stod på stranden. Ibland besökte Han människor privat i deras hem och andra gånger delade Han Guds Ord i templet. Det fanns tillfällen då Han uppenbarade sin undervisning för bara några få utvalda lärjungar i hemlighet.

**Min lära kommer från Honom som har sänt mig**

"När halva högtiden redan var över gick Jesus upp till tempelplatsen och började undervisa. Judarna blev förvånade och sade: 'Hur kan han känna Skrifterna, han som inte har studerat?' Jesus svarade: 'Min lära är inte min, den kommer från honom som har sänt mig. Om någon vill göra hans vilja ska han förstå om min lära är från Gud eller om jag talar av mig själv. Den som talar av sig själv söker sin egen ära. Men den som söker hans ära som har sänt honom, han är sann och ingen orättfärdighet finns i honom.'" (7:14-18)

När de kommit ungefär halvvägs genom den sju dagar långa Lövhyddohögtiden gick Jesus upp till templet och undervisade människorna där. Eftersom Jesus undervisade Bibeln och Guds Ord med sådan lätthet blev judarna förvånade. De blev förvånade över Jesu lära eftersom Jesus talade Guds Ord med större auktoritet än rabbinerna, som var experter på Lagen. Och fastän Han aldrig hade studerat Lagen ingående kunde Jesus enkelt använda Bibelns Ord för att på ett träffsäkert sätt beskriva Guds vilja. Inte undra på att människorna blev förvånade!

När Han stod framför folket som var förundrat över Hans undervisning, gav Jesus all ära till Gud. Och även fast Han var Guds Son och ödmjuk som en tjänare, höll Han fast vid att all Hans undervisning kom från Gud. Han hävdade också att när människor tror på Hans lära och handlar i enlighet med den kommer de förstå om Hans lära kom från Gud eller inte. Med de orden lämnade Han inget utrymme för diskussion.

Även om ord talas genom någons läppar kan fantastiska saker ske som ett resultat av de orden, om Gud har kontroll över personens liv. Om vi i dag tar emot ord genom Guds tjänare med vilken Gud verkligen förblir, och tror på dessa ord och lyder orden som om de var Guds Ord, då kan vi få uppleva fantastiska ting. I enlighet med Hebreerbrevet 4:12 vet vi att Guds Ord är levande och verksamt. Därför kommer den som tror och lyder Hans Ord få uppleva Hans kraft. Eftersom Gud bekräftar sitt Ord genom sina tjänare genom deras böner, blir sjukdomar botade, familjer får frid, otroende tar emot evangeliet, och många andra välsignelser som dessa kommer från Fadern.

Människor som söker sin egen ära kommer göra vad de kan för att visa sina goda gärningar och få beröm. Förblindade av deras intresse för sig själva, kliver de på andra människor och fördömer dem, och de handlar orättfärdigt. Därför kommer deras slutresultat inte vara särskilt bra. Den fruktansvärda krigsförbrytaren under andra världskriget Hitler, fick till exempel sitt folk att ropa "Heil Hitler!" vilket betyder "Var hälsad Hitler!" eller "Länge leve Hitler!" Till slut lades både Hitler och Tyskland i ruiner.

Men någon som är sänd av Gud och som söker Guds ära kommer att föra med sig frid till många människor och rädda många själar. Aposteln Paulus överlät hela sitt liv till Guds ära. Genom att göra stor mirakler gav han ära till Gud, och som hedningarnas apostel fick han leda mängder av själar till Kristus. Han överlät hela sitt hjärta och hela sin vilja för Kristi skull. Det är varför han frimodigt kunde säga, *"Följ mitt exempel liksom jag följer Kristi exempel"* (1 Korintierbrevet 11:1). Han sade inte detta för att skryta över sig själv; i stället uppmanade han människor att följa Kristi exempel, som han själv gjorde.

Jesus sökte också bara att ära Gud. Han försökte aldrig upphöja sig själv eller få något för sig själv. Det är därför Han såg upp mot himlen när Han gjorde miraklet med de två fiskarna och de fem bröden, medan Han välsignade maten (Markus 6:41). När Han uppväckte Lasarus från det döda lyfte Han först upp en bön i ära till Gud. Han blev ett redskap för att visa världen vem den levande Gud är och vad Hans vilja är. Och Gud tog emot äran genom att bekräfta alla ord som kom ut ur Jesu mun.

### Varför vill ni döda mig?

"'Har inte Mose gett er lagen? Ändå håller ingen av er lagen. Varför vill ni döda mig?' Folket svarade: 'Du är besatt. Vem vill döda dig?' Jesus sade: 'En enda sak gjorde jag, och ni blev alla förundrade.'" (7:19-21)

I lagarna som Mose tog emot vid Sinai berg under Uttåget, finns befallningar som "Hedra din fader och din moder, du ska inte döda, du ska inte begå äktenskapsbrott, och du ska inte bära falskt vittnesbörd." Kärnan i dessa lagar är att förstå, att förlåta, och att älska alla människor med barmhärtighet och medlidande.

Men judarna på den tiden var väldigt upptagna med att använda lagen på ett sätt som gjorde att de kunde fördöma människor, även till den grad att de kritiserade Jesus för Hans goda gärningar. När Jesus botade en man som hade varit invalid i 38 år försökte de döda Honom eftersom Han hade gjort detta på sabbatsdagen. Om ett mirakulöst tecken inträffar och Gud får äran, borde de vara glada. Men i stället försökte de döda Jesus för att de menade att Han bröt sabbaten.

När Jesus såg den ondskan de hade i sina hjärtan sade Han, "Ändå håller ingen av er lagen. Varför vill ni döda mig?" Han lärde dem att trots att Gud hade gett dem lagarna för att göra goda gärningar, använde de den för att försöka döda någon. En person som följer lagen på ett korrekt sätt skulle aldrig göra något sådant.

Judarna kunde inte förstå de andliga budskapen i Jesu ord och de anklagade Honom för att vara besatt av en demon. Judarna ansåg att Jesus var så förvirrad att Han trodde att Han blev förföljd och utsatt. Trots att de aldrig öppet försökte döda Honom, hade de, i verkligheten, i sina hjärtan redan längtan att döda Honom (Johannes 5:18). Detta samtal visar öppet den ondska som fanns i deras hjärtan. De förstod inte varför Jesus hade sagt vad Han hade sagt, och anklagade Honom för att vara demonbesatt, för det var det de tyckte.

Judarna kunde inte förstå varför Jesus hade botat en sjuk på sabbatsdagen, och därför dömde de Honom och ansåg att Han var konstig på något sätt. Så genom att påminna dem om att de själva tillät omskärelse på sabbatsdagen, gav Jesus dem en mycket viktig läxa.

## Om någon blir omskuren på sabbaten

"'Mose har gett er omskärelsen – egentligen kommer den inte från Mose utan från fäderna – och därför omskär ni människor även på sabbaten. Om nu en människa får ta emot omskärelsen på sabbaten för att Mose lag inte ska upphävas, hur kan ni då bli arga på mig för att jag gjort hela människan frisk på en sabbat? Döm inte efter skenet, utan döm rätt!'" (7:22-24)

Omskärelsen är en ritual som israeliterna gör då förhuden av penis tas bort på pojkar 8 dagar efter födseln. Denna sed började på Abrahams tid, han som var trons fader (1 Mosebok 17:10-14). Efter att Gud hade gjort sitt förbund av välsignelse med Abraham sade Han till honom att omskära hela sin familj som ett tecken på att han hade mottagit förbundet. Om någon inte tog emot omskärelsen skulle han bli avskuren från Guds folk, och inte skulle kunna ta emot den utlovade välsignelsen.

Mose, som accepterade den stora uppgiften som uttåget innebar, hamnade i dödsfara hos Gud eftersom han inte hade omskurit sig själv. Som ledare av ett sådant viktigt uppdrag att leda israeliterna ut ur Egypten, var Mose tvungen att vara mer fullkomlig och hel än någon annan. Gud varnade Mose mycket strängt om betydelsen av omskärelsen. Judarna ansåg att det som Mose fick vara med om var en stor lärdom och kom ihåg hur viktigt det var med omskärelse. Det är därför som det i det judiska samhället på Jesu tid, till och med 2 000 år efter Abrahams förbund, var så viktigt att utföra omskärelsen, även på sabbatsdagen.

Därför sade Jesus till dessa judar som hade dömt och fördömt Hans handlingar, "Om nu en människa får ta emot omskärelsen på sabbaten för att Mose lag inte ska upphävas, hur kan ni då bli arga på mig för att jag gjort hela människan frisk på en sabbat?" Jesus sade inte detta för att Han inte kunde förstå varför judarna blivit så upprörda över att Han hade botat på sabbaten, eller för att Han var frustrerad på dem. Genom att använda omskärelsen som en bild ville Han bara lära dem vad det var som var rätt. Genom att säga att kärlek och barmhärtighet måste gå före lagarna lärde Han dem, "Döm inte efter skenet, utan döm rätt!"

I 1 Samuelsboken 16:7, när Samuel försökte smörja Isais förstfödda son Eliab, sade Gud till honom, *"Se inte på hans utseende [...] Ty det går inte efter vad en människa ser. En människa ser det som är för ögonen, men Herren ser till hjärtat."* Jesus som visste vad som fanns i Guds hjärta väldigt bra, ser också till människans hjärta, och inte till utseendet (Jakobs brev 2:1-4). Det är därför Han försökte undervisa judarna, som var dömade och fördömande med hjälp av lagarna, för att döma med sanning och rättvisa i stället.

### De som dömer efter vad som är för ögonen

"Några av invånarna i Jerusalem sade då: 'Är det inte honom de vill döda? Nu talar han öppet, och de säger ingenting till honom. Rådsherrarna har väl inte erkänt att han verkligen är Messias? Den här mannen vet vi ju varifrån han är, men när Messias kommer ska ingen veta varifrån han är." (7:25-27)

När Jesus frågade skaran, "Varför försöker ni döda mig?" insåg judarna att deras inre motiv hade avslöjats och började därför anklaga Honom för att vara demonbesatt, och behandla

Honom som om Han var förvirrad. Sedan kom en tredje grupp och vittnade om denna sanning. En del människor kom och sade att ledarna försökte döda Jesus. Och på så sätt blev sanningsenligheten i Jesu Ord bekräftad av den tredje gruppen.

När vi vandrar på rättfärdighetens väg kommer Gud, eftersom Han är en Rättens Gud, alltid se till att sanningen segrar (Psaltaren 37:6; Amos 5:24). Därför ska en mogen kristen inte bråka eller klaga ens om han blir falskt anklagad eller behandlad på ett felaktigt sätt eftersom allt kommer att uppenbaras när tiden är inne.

Men den tredje gruppen som bekräftade Jesu Ord skilde sig inte något från de som försökte gripa Jesus. De frågade varför den anklagade inte hade tagits in till förhör än. Precis som hela världen ser blå ut när man ser på den genom blåfärgade solglasögon, såg dessa människor på Jesus med negativ inställning och känslor, och därför kunde de bara se orsaker till att fördöma Honom.

När du lyssnar på Guds Ord med ett gott och sant hjärta blir du inspirerad och rörd till omvändelse och förändring. Men när du blandar dina egna känslor och tankar och säger något som, "Det gick förmodligen till så här eller så där", då har du faktiskt begått den allvarliga synden att döma och fördöma.

Folkskaran frågade också, "Rådsherrarna har väl inte erkänt att han verkligen är Messias?" Och de tillade, "Den här mannen vet vi ju varifrån han är." Vad de menade var att de visste att Jesus blev född som Josefs son och menade att Han inte är en gud, och att Han inte är Guds son. Deras logik och resonemang fastslog att ingen skulle veta var Messias kom ifrån.

Men är det sant att ingen skulle veta var Messias kom ifrån? Bibeln har inte det exakta datumet och tidpunkten för Kristi, eller Messias, födelse nedskrivet. På den tiden var det inte lätt varken för de skriftlärda eller sadducéerna att förutsäga när Messias skulle födas, eftersom de bara hade några enstaka verser som handlade om Hans födelse (Daniel 9:25; Malaki 3:1). Därför fanns det olika uppfattningar även bland dem om Messias födelse. De trodde även att Messias skulle ha en övernaturlig och ockult personlighet och att Han skulle kunna komma väldigt plötsligt. Men även om det hade varit svårt att veta exakt när Messias födelse skulle inträffa, fanns det tillräckligt med profetior som berättade för oss om Messias.

Mika 5:2 säger, *"Men du, Betlehem Efrata, som är så liten bland Juda tusenden, från dig skall det åt mig komma en som skall härska i Israel. Hans ursprung är före tiden, från evighetens dagar."* Precis som profetian sade föddes Jesus i Betlehem, in i Juda familj.

Det faktum att Messias skulle födas i Betlehem var känt även bland judarna på Jesus tid. Om du läser i Matteus 2:1-6 står det att efter att kung Herodes hade hört av de tre vise männen att en kung hade fötts, ville han döda honom eftersom han var rädd för att förlora sin position som kung. Så han samlade alla översteprästerna och de skriftlärda och frågade dem, "Var ska Kristus födas?" De svarar honom genom att citera profetian i Mikas bok att Han skulle födas i Betlehem, i Juda land.

5 Mosebok 18:18 talar om hur Jesus kommer att anses vara en profet, och Jesaja 9:1 profeterar att Jesu offentliga tjänst skulle börja i Galileen. Det finns många andra profetior i hela Bibeln, som Jesaja 53, där profetior om Jesus återfinns. Men

även utan dessa profetior kan vi avgöra vem som är den sanne Messias genom de kraftfulla gärningar från Gud som Han gjorde, och genom Orden som Han talade.

Även den ensamme och gudfruktige Simon, Hanna (kvinnan som hade tillbringat hela sitt liv i templet bedjande och väntande på Messias), de goda herdarna som vaktade fåren, och de tre vise männen erkände Messias (Lukas 2; Matteus 2:1-11). Antingen ledda av den Helige Ande eller informerade av änglar gick dessa människor till barnet Jesus och tillbad Honom och gav äran till Gud. Så de människor som hävdade att ingen skulle veta var Messias kom från hävdade i själva verket att de själva inte var Guds folk. Messias stod rakt framför deras ögon, och ändå kunde de inte känna igen Honom.

### Jag har inte kommit av mig själv

"Då ropade Jesus där han var på tempelplatsen och undervisade: 'Ja, mig känner ni och vet varifrån jag är! Men jag har inte kommit av mig själv, utan det finns en som är sann och som har sänt mig. Honom känner ni inte. Jag känner honom, för jag är från honom och han har sänt mig.' Då ville de gripa honom, men ingen bar hand på honom eftersom hans stund ännu inte hade kommit." (7:28-31)

Judarna visste var Jesus föddes och hur Hans familjesituation var, men det var bara den fysiska aspekten av Jesus. Därför bekräftade Jesus deras ord först och sedan sade Han till dem att Han kom från Gud.

Först sade Han till dem, "Mig känner ni och vet varifrån jag är." Ordet "vet" här har två betydelser. En person som förstår Jesu ord i ande och tror att Han är den sanne Kristus, vet att Han har kommit till denna värld som Guds Son och Frälsaren.

Men en person som förstår Hans ord bokstavligt och i köttet vet bara att Jesus är Josefs son, snickaren. Så när judarna sade att de "kände" Jesus, var det känna i fysisk bemärkelse de avsåg.

Jesus sade att Han inte har kommit av sig själv, och att det finns en som har sänt Honom. Sedan tillade Han att den som har sänt Honom är sann. När Jesus sade att Han inte har kommit av sig själv, betyder det att Han kom från Gud Fadern. Under Guds försyn kom Jesus, som var med Gud från begynnelsen, till denna värld för att frälsa mänskligheten, vars död på grund av synden var oundviklig.

Jesus sade också, "Han som har sänt mig är sann." Sanning betyder ande, liv, och sådant som är evigt – som aldrig förruttnar eller förändras. Och den sanna Gudens makt, som är sanningen, var med Honom hela tiden, vilket är varför så många tecken och under skedde genom Jesus.

Jesus sade att Han kände Denne som de inte kände. Många människor samspelar med presidenten på många sätt och hävdar, "Jag känner presidenten." Men det betyder inte att presidenten känner dem. Presidenten måste också bekräfta att han känner någon för att den ska kunna säga att han verkligen känner presidenten. Det samma gäller när det kommer till Gud. Den som hävdar att han känner Gud måste ha en relation till Honom. Att ha en relation med Gud betyder att man lever i ljuset eller i enlighet med Guds Ord (1 Johannes brev 1:7). Men judarna hade inte en sådan relation med Gud. De hade aldrig ens sett Guds ansikte. De var dessutom köttsliga människor så de kunde bara se saker med sina fysiska ögon. Det var därför Jesus sade att de inte känner Gud. Sedan förklarade Han att Han känner Gud eftersom Han är från Gud, och att Han kom in i den här världen för att det var Guds vilja.

Sedan började människorna som var i templet och som hörde det reagera på olika sätt. En del sade att Jesus hädade Gud och försökte gripa Honom. Men lyckligtvis var det inte Hans tid ännu så de kunde inte göra något mot Honom. Samtidigt var det många som såg på Jesus i ett positivt ljus. Han sade inte bara, "Jag är sanningen så tro på mig." Han hjälpte människor att tro genom att göra tecken och under som bevisade att Gud var med Honom.

Jesus började med att bota en man som hade varit sjuk i 38 år och Han botade människor med alla slags sjukdomar. Han botade blinda och döva, och gjorde dem friska igen. Han förvandlade vatten till vin, gav mat till över fem tusen människor med två fiskar och fem bröd, och Han gick på vattnet också. Många människor hade antingen hört talas om dessa mirakulösa tecken eller själva sett dem. Det var därför de frågade, "När Kristus kommer, kommer Han att göra fler tecken än de som denne man har gjort?" Även om människorna med goda hjärtan inte själva hade sett vad som hänt, kunde de se på det som Jesus gjorde och se att det var sanningen.

# Judarna försöker gripa Jesus

När människorna såg Jesus göra stora tecken ärade de Gud och sade att en stor profet hade uppträtt bland dem, och att Gud hade kommit för att frälsa sitt folk (Lukas 7:16). Men inte alla tänkte så. Det fanns judar som ville gripa Jesus.

## Översteprästerna och fariséerna

"Fariseerna hörde hur folket viskade så om honom, och översteprästerna och fariseerna skickade ut tempelvakter för att gripa honom. Jesus sade då: 'Ännu en kort tid är jag hos er innan jag går till honom som har sänt mig. Ni ska söka mig och inte finna mig, och dit där jag är kan ni inte komma.' Judarna sade till varandra: 'Vart tänker han ta vägen, eftersom vi inte ska finna honom? Tänker han gå till dem som bor utspridda bland grekerna och undervisa dem? Vad menar han när han säger: Ni ska söka mig och inte finna mig, och dit där jag är kan ni inte komma?'" (7:32-36)

Översteprästerna och fariséerna lade märke till folkets stora intresse för Jesus och att alla pratade om Honom. Som ledare för prästerna skulle översteprästen helga sig för att gå in i det Allra heligaste för att offra för folket. Och som en religiös ledare hade han rätten att utöva politisk makt. Som präster och som sådana de var kunde de inte längre bara se på när Jesus proklamerade att Han var sänd av Gud. Så till slut sammansvärjde de sig med fariséerna om att gripa Honom och sände ut sina vakter efter Honom.

I denna förfärliga situation berättade Jesus frimodigt för människorna att Han skulle återvända till Gud Fadern. Han förklarade att Han inte längre skulle stanna på jorden när Guds tid var inne. Han skulle ta upp korset, uppstå och sitta på Guds högra sida. Men eftersom judarna inklusive fariséerna och de skriftlärda inte förstod den andliga innebörden i Jesu ord, hånade de Honom.

Fariséerna var en av de huvudsakliga splittringarna som skedde under det första århundradet f Kr och i det första århundradet e Kr. Fariséerna trodde på änglarnas existens, uppståndelsen från de döda, och att sträva efter att leva strikt efter judendomens lagar, till den allra minsta punkten. Men Jesus tillrättavisade dessa människor med orden, *"Ve er, skriftlärda och fariseer, era hycklare..."* (Matteus 23:13). Han gjorde detta eftersom de var som vitkalkade gravar, de såg heliga ut på utsidan men på insidan, i deras hjärtan, var de fyllda med ondska. Skriftlärda är de som tolkar och undervisar lagen. Judarnas återvändande från fångenskapen i Babylon blev starten på en kraftfull rörelse då de gjorde allt de kunde för att bevara lagen inom Juda land. Från den tiden var det därför enbart de lärda som kunde tolka lagarna och undervisa folket hur de skulle tillämpa lagarna, och de såg det som en väldigt viktig uppgift. Men eftersom dessa lärare skröt om deras auktoritet, baserat på de äldstes stadgar – vilka hade överfördes muntligt – kunde de inte undvika konfrontation med Jesus, som enbart tolkade Bibeln efter Guds vilja. Dessutom utgjorde Jesu kraftfulla Ord en risk att de skulle förlora sin kraft och makt.

De här judarna kunde inte förstå Jesus, och de fortsatte att lägga till sina köttsliga tankar när de tolkade Jesu Ord. De undrade, "Om Han säger att vi inte kommer att kunna finna Honom, även om vi försökte, betyder det att Han tänker gå till dem som bor utspridda bland grekerna och undervisa dem?" Jesus hade aldrig sagt att Han skulle gå till Grekland, och Han hade aldrig några tankar på det, men de drog alla möjliga slags felaktiga slutsatser.

Varför var det så svårt för dessa människor, som faktiskt hade studerat och lärt ut Guds Ord, att förstå Jesu Ord? Eftersom de var köttsliga blandade de in sin världsliga vishet och kunskap i allt. De ansåg också att deras egen kunskap, deras tankar och erfarenheter var bättre än alla andras. Det är därför de inte kunde möta Gud, som är ande (Romarbrevet 8:5-8). Eftersom de fixerade sig på sina köttsliga tankar, vilka är fiende till Gud, kunde de inte känna igen vem Jesus var.

## Jesu löfte om den Helige Ande

"På den sista dagen, den största i högtiden, stod Jesus och ropade: 'Om någon är törstig, kom till mig och drick! Den som tror på mig, som Skriften säger, ur hans innersta ska strömmar av levande vatten flyta fram.' Detta sade han om Anden, som de skulle få som trodde på honom. Anden hade nämligen inte kommit än, eftersom Jesus ännu inte hade blivit förhärligad." (7:37-39)

För en man som går igenom en öken där solen är stekhet, är ett glas kallt vatten dyrbarare än en väska med guld. Men det är inget annat än köttslig törst. Inom alla människor finns en annan slags törst: andlig törst. Det är den sortens törst Jesus talade om.

Det finns också två sorters andlig törst. Den ena är en törst som en ond person känner. En ond person fortsätter att söka det onda. Sådana människor kommer aldrig känna frid i sina liv. Israels första kung, kung Saul, var en väldigt ödmjuk man innan han blev kung. Men efter att han blivit kung blev han stolt och envis, och olydig mot Gud. Han var alltid ångestfylld och oroad över att förlora sin tron till David som Gud hade bekräftat som

"En man efter mitt hjärta." Det gjorde att Saul spenderade hela sitt liv med att försöka döda David. Med sitt onda hjärta drog han svårigheter över sig själv och led av brinnande ångest i sitt hjärta. Men den sortens törst som en god person känner är raka motsatsen till detta. En ensam person har en stark längtan efter att möta en äkta vän som han kan bygga en oföränderlig relation med och med vilken han kan dela sina djupaste tankar och känslor. Föräldrar och barn, män och fruar, vill alla ha en förtroendegivande relation med varandra. Alla har en törst efter kärlek, tro, sanning, glädje och relation i sin inre människa.

Efter att ha firat Lövhyddohögtiden i Jerusalem sade Jesus till folket som hade denna slags törst, "Om någon är törstig, kom till mig och drick!" Jesus säger sedan att strömmar av levande vatten ska flyta fram ur deras innersta. Här handlar det levande vattnet om den Helige Ande som de som tror på Kristus tar emot. Hungern efter rättfärdighet och törsten i deras själ släcks hos dem som accepterar Jesus och tar emot den Helige Ande. Det är därför Skriften sade, "Ur hans innersta ska strömmar av levande vatten flyta fram."

## Jesus blir orsak till splittring

"Några i folkmassan som hörde hans ord sade: 'Han måste vara Profeten.' Andra sade: 'Han är Messias', men andra sade: 'Messias kommer väl inte från Galileen? Säger inte Skriften att Messias kommer från Davids ätt och från Betlehem, byn där David bodde?' Så blev det splittring bland folket för hans skull. Några ville gripa honom, men ingen bar hand på honom." (7:40-44)

Alla hade olika uppfattning om Jesus. En del sade att Han var en "profet", andra sade att Han var "Messias", och ytterligare andra tvivlade, "Messias kommer väl inte från Galileen?"

Varför tänkte folkmassan så olika? Det är för att en del såg Jesus ur en andlig synvinkel och andra såg Honom genom sina egna tankars ramverk. Människorna som såg Honom med sina andliga ögon accepterade Jesus som Messias, men de som såg Honom baserat på sin egen kunskap, kunde inte se Jesus för vem Han verkligen var. De tvivlade på Honom. Det är därför som de ifrågasatte "Messias kommer väl inte från Galileen?" på grund av den kunskap de hade i historia eller deras bakgrund.

Som den nordligaste regionen i Israel var Galileen sårbar för invasion från många främmande nationer. Därför hade Galileen en stark närvaro av hedniska kulturer. Det är därför området i Jesaja 9:1 kallas, "Hedningarnas Galileen" och i Johannes 7:52 sade fariséerna, *"Sök i Skriften, så ser du att ingen profet kommer från Galileen."* Baserat på den kunskap de hade och logik trodde de inte att det fanns någon möjlighet att Kristus, som skulle frälsa Israel, kunde födas på en sådan lågstatus-plats. Eftersom de jämförde Jesus med den bild av Messias de själva hade skapat utifrån deras egen kunskap, kunde de inte förstå sanningen.

På den tiden var israeliterna under romarnas förtryck och drömde därför om en Messias med politisk och militär makt som kunde rädda dem från romarna. Jesus uppfyllde inte deras förväntningar. I deras ögon var Han inte mer än en son till en fattig snickare. Det var därför de inte kunde se Honom som kungen som skulle rädda hela Israel.

Och med Skriften som grund, "Messias kommer från Betlehem" erkände de inte Jesus. De använde i själva verket profetian som var nedskriven i Bibeln om Messias för att förneka Jesus.

Och ändå, precis som profetian sade, föddes Jesus i Betlehem och växte sedan upp i Nasaret. Men folket kände Honom bara som en nasaré. Eftersom de såg på Honom med sina förutfattade meningar kunde de inte se sanningen. Eftersom de tyckte så olika ledde det till splittring. Bland dessa människor fanns det de som försökte hitta en orsak att gripa Jesus, men eftersom det inte var Guds utvalda tid än, kunde ingen bära hand på Honom.

### Varför har ni inte fört hit Honom?

"Tempelvakterna kom tillbaka till översteprästerna och fariseerna, som frågade dem: 'Varför har ni inte fört hit honom?' De svarade: 'Aldrig har någon människa talat som han.' Då sade fariseerna till dem: 'Har ni också blivit förledda? Finns det någon bland rådsherrarna eller fariseerna som tror på honom? Men den här folkhopen som inte kan lagen, den är förbannad.'" (7:45-49)

När tempelvakterna som hade sänts ut av översteprästerna

och fariséerna hörde Jesu ord, lade de märke till att Han inte var som alla andra, och de kände kraft och makt i Hans ord. Och eftersom Jesus var fullkomlig i allt var tempelvakterna tvungna att återvända utan Honom, trots att de hade fått order om att gripa Honom. Översteprästerna och fariséerna frågade tempelvakterna som kom tillbaka utan Honom, "Varför har ni inte fört hit honom?" Tempelvakterna gav ett oväntat svar till de frustrerande översteprästerna och fariséerna, "Aldrig har någon människa talat som han." Från tempelvakternas utgångsläge fanns det alltid en skara människor runt Jesus och det var inte alltid lätt för dem att gripa Honom. De kunde ha använt den och många andra ursäkter för att de hade misslyckats med att gripa Jesus, men de svarade väldigt frimodigt. Det visar att dessa tempelvakter hade blivit väldigt berörda av Jesu Ord.

Efter att ha hört tempelvakternas ord tillrättavisade fariséerna dem med förhöjt tonläge, "Har ni också blivit förledda?" Sedan frågade de om någon av de andra rådsherrarna eller fariséerna, som ansågs vara eliten, hade blivit förledda. Vi måste förstå att dessa människor var fyllda av stolthet över sina positioner och att de ansåg sig själva vara bättre än de outbildade, vanliga människorna. De tyckte att om någon av rådsherrarna eller fariséerna trodde på Jesus, betydde det att han hade blivit förledd, och att han hade blivit tokig som inte kunde lagen.

Det är därför som fariséerna inte ens höll sig borta från att döma de som följde Jesus utan kallade dem "förbannade." De dömde dem med orden från 5 Mosebok 27:26, *"Förbannad är den som inte upprätthåller alla ord i denna lag genom att följa dem. Och allt folket skall säga: 'Amen.'"* De som var stolta över att de kunde lagen var i själva verket de som förvrängde Guds Ord.

Fariséerna var nitiska. De delade inte bara upp lagen i små sektioner för att kunna lyda den på ett mer korrekt sätt, utan memorerade med stor uthållighet och forskade i de gamla tolkningarna av lagen som hade först vidare från mun till mun. Så när de såg människor med andra åsikter än de själva, även om det bara skiljde sig lite, fördömde de dem som dåraktiga och till och med förbannade dem.

Men var dessa människor verkligen förbannade? Det var de trångsynta och högmodiga fariséerna som gick på dödens väg för att de vägrade tro på Jesus. När de hade dödat Jesus fick de själva, och deras kommande generationer, förbannelsen att betala priset för Jesu blod över sig. År 70 e Kr, när Jerusalem föll, jagades judarna bort från sitt hemland och skingrades över hela världen. Och under en lång tid därefter blev de förföljda och förtryckta av många andra nationer.

I Romarbrevet 12:14 står det, *"Välsigna dem som förföljer er, välsigna och förbanna inte."* Den som har ett gott hjärta fyllt av sanningen kommer aldrig skada någon med sina ord, eller avslöja någon annans brister. Han kommer inte ha onda tankar eller tycka om orättfärdighet. I stället kommer han bara vilja låta goda och vackra ord komma ut ur hans mun. Jesus hade kraften och makten att döma världen, men Han förbannade aldrig någon urskillningslöst som fariséerna gjorde.

## Nikodemus försvarar Jesus

"Nikodemus, han som tidigare hade kommit till Jesus och som var en av dem, sade: 'Vår lag dömer väl inte någon utan att man först hör honom och tar reda på vad han har gjort?' De svarade: 'Är du också från Galileen? Sök i Skriften, så ser du att ingen profet kommer från Galileen.' Sedan gick var och en hem till sitt." (7:50-53)

När fariséerna fortsatte att förbanna de som trodde på Jesus kunde Nikodemus inte längre se på, och pekade ut deras orättvisa och fördomsfulla åsikter. Nikodemus ifrågasatte, "Vår lag dömer väl inte någon utan att man först hör honom och tar reda på vad han har gjort?" Med varsamhet upplyste Nikodemus fariséerna som, baserat på deras förvrängda syn, fortsatte att hävda deras egen rätt. Trots att han var en farisé var Nikodemus annorlunda. Han försökte lyda Guds lag med ett gott hjärta.

Resten av fariséerna, som hade trott att Nikodemus var på deras sida, blev chockade över det Nikodemus sade, och en stund verkade de vackla. De försökte vederlägga med ett giftigt svar, men för att Nikodemus argument var så vasst och rakt på sak, kunde de inte komma på något. Allt de kunde svara var, "Är du också från Galileen? Sök i Skriften, så ser du att ingen profet kommer från Galileen." Det var ett svagt svar med syfte att förminska Jesus genom att kalla Honom för galilé.

Det är svårt att förstå att de inte kände till att inte Jesus var född i Galileen. Men de kunde inte komma på ett logiskt, övertalande svar på Nikodemus argument så det var allt de kunde säga. Och med det dog deras dispyt om Jesus, och de gick alla hem till sitt. Konspirationen mellan de som ville gripa Jesus misslyckades. Mitt framför en god person fylld med sanning, kan all form av osanning – lögn, bedräglighet och annat sådan – avslöjas. Vishet från godheten kommer från Gud; därför kan mörkret inget annat än att fly från det.

## Kapitel 8

# Sanningen ska göra er fria

1. Jesus förlåter kvinnan som begått äktenskapsbrott
(8:1-11)

2. Jesu budskap till judarna
(8:12-30)

3. Friheten i sanningen
(8:31-47)

4. Judarna försöker stena Jesus
(8:48-59)

# Jesus förlåter kvinnan som begått äktenskapsbrott

En dag frågade Petrus Jesus, *"Herre, hur många gånger ska min broder kunna synda mot mig och få min förlåtelse? Upp till sju gånger?"* (Matteus 18:21). Petrus tyckte att det var stor barmhärtighet att förlåta någon sju gånger. Men Petrus kunde aldrig ha förutsett Jesu svar. Han sade, *"Jag säger dig: Inte sju gånger utan sjuttio gånger sju"* (v. 22). Det Jesus säger här är inte att vi ska förlåta någon 490 gånger. Sju är ett fullkomligt tal. Så att förlåta sjuttio gånger sju gånger betyder att man ger fullständigt förlåtelse, eller att man förlåter ett obegränsat antal gånger. På samma sätt gjorde inte Jesus bara goda gärningar och gav liv till människor; Han förlät också syndare deras synder, och hjälpte de som blev förlåtna att känna Guds djupa kärlek.

## Sadducéerna och fariséerna som hade gripit en äktenskapsbryterska

"och Jesus gick till Olivberget. Tidigt på morgonen var han tillbaka på tempelplatsen. Allt folket samlades omkring honom, och han satte sig ner och undervisade dem. Då förde de skriftlärda och fariseerna dit en kvinna som hade blivit gripen för äktenskapsbrott. De ställde henne i mitten och sade: 'Mästare, den här kvinnan greps på bar gärning när hon begick äktenskapsbrott. I lagen har Mose befallt oss att stena sådana. Vad säger då du?'" (Johannes 8:1-5)

Efter Hans budskap under Lövhyddohögtiden gick Jesus till Olivberget. Olivberget, som ligger på Jerusalems östra sida, har fått sitt namn efter det ovanligt stora antalet olivträd där. Från bergets topp kan man se hela Jerusalem. Det var där Jesus predikade om himmelriket och det var också där som Han grät och profeterade om vad som skulle ske. Det är en betydelsefull plats som verkar ha Jesu fotspår inpräntade där.

Olivberget är också en betydelsefull plats i Israels historia. Sakarja 14:1-5 nämner att Messias kommer att sätta sina fötter på Olivberget, och profeten Hesekiel sade att i en vision han såg att HERRENS härlighet skulle vara där. Vid Olivbergets fot ligger Getsemane, dit Jesus ofta gick för att be. Det är där som Jesus bad så ivrigt att Hans svett blev till blodsdroppar kvällen innan Han greps för att korsfästas.

Efter att ha bett på Olivberget under natten återvände Jesus till templet följande morgon. Medan Han undervisade

: : Olivberget i östra Jerusalem

folket där uppstod ett stort tumult. Sadducéerna och fariséerna kämpade sig igenom folkskaran och ställde en kvinna framför Jesus. De knuffade henne till mitten och försökte få det att låta som en tillfällighet, "Mästare, den här kvinnan greps på bar gärningar när hon begick äktenskapsbrott."

I enlighet med Mose lag skulle en person som begått äktenskapsbrott, oavsett om det var en man eller kvinna, dödas (3 Mosebok 20:10). Sadducéerna och fariséerna frågade hur de skulle tillämpa lagen på kvinnan. Kvinnan skakade av rädsla och fruktan för döden när hennes synder blev offentliga för alla. Men sadducéerna och fariséerna brydde sig inte om hennes liv. De kände segervittring eftersom de nu med hjälp av lagen, hade en möjlighet att pröva Jesus.

## Den av er som är utan synd kan kasta första stenen

"Detta sade de för att pröva honom och få något att anklaga honom för. Men Jesus böjde sig ner och började skriva med fingret på marken. När de fortsatte fråga honom, reste han sig och sade: 'Den av er som är utan synd kan kasta första stenen på henne.' Sedan böjde han sig ner igen och skrev på marken." (8:6-8)

Sadducéerna och fariséerna var i själva verket i kris eftersom så många människor började följa Jesus. I jämförelse med deras undervisning var Jesu undervisning omätligt kraftfullare. Förutom det talade Jesus strängt till dem och som folkets ledare befann de sig i en mycket obekväm situation. Så när deras motvilja mot Jesus växte började de leta efter tillfällen att sätta dit Honom. Efter att ha tagit en kvinna på bar gärning i äktenskapsbrott, tog de tillfället att pröva Jesus.

I stället för att fokusera på synden som kvinnan som hade begått äktenskapsbrott hade gjort, fokuserade de på att försöka hitta fel i Jesu reaktion. De tyckte att de hade någon form av känsla för hur Han skulle reagera. De visste att Han enligt sin vanliga undervisning skulle Han säga åt dem att inte stena henne. Om Jesus vid det här tillfället hade sagt, "Älska och förlåt", vad skulle då hända? Då skulle det låta som om Han talade emot Mose lag, vilket skulle ge dem en bra orsak att anklaga Honom. Att gå emot lagen ansågs vara en allvarlig synd, likställt med att vara emot Guds Ord. Så detta var ett gyllene tillfälle att finna grund för anklagelser mot Jesus baserat på lagen.

Om Jesus i stället sade tvärt om mot vad de förväntade sig, "Stena henne", skulle de också, med anledning av lagen, få orsak att anklaga Honom, eftersom det skulle gå emot Hans vanliga undervisning om kärlek och förlåtelse. Sadducéerna och fariséerna frågade Jesus vad som skulle göras, och de visste mycket väl att detta var ett dilemma, där Jesus varken kunde säga det ena eller det andra. Och de trodde att de hade Jesus i sin fälla.

Men Jesus sa inte ett ord till dem som insisterade på att få ett svar. I stället böjde Han sig ner och började skriva något med fingret på marken. Det var tyst en stund. Efter ett tag reste Han sig och såg sig omkring på folkskaran och sade, "Den av er som är utan synd kan kasta första stenen på henne." Sedan böjde Han sig ner igen, och skrev med sitt finger på marken. Och vad tror du hände då?

### Människorna som fick ett stygn i sina samveten

"När de hörde detta började de gå därifrån en efter en, de äldste först. Han blev lämnad ensam kvar med kvinnan som stod där." (8:9)

Människorna som hade samlats började gå därifrån, en efter en. Sadducéerna och fariséerna som hade känt sig segervissa för bara en stund sedan, och folket som bara var nyfikna på vad som höll på att hända, lämnade alla platsen tysta, som om de kände sig skamsna. Vad var det som Jesus skrev på marken som fick dem att känna ett stygn i sina samveten? Det Han hade skrivit var deras synder.

Jesus kände till varenda liten synd som människorna hade begått. Eftersom Han kunde se allas synder som de hade gemensamt, började Han skriva dem, en efter en. Orsaken till att Han skrev synderna på marken i stället för att säga dem högt var för att Gud inte ville att synderna skulle skrivas ner i Bibeln.

Gud befaller oss att inte mäta, döma eller fördöma andra, så vad hade hänt om Jesus hade pekat ut allas synder i detalj, och allt hade skrivits ner i Bibeln? Kunde människorna inte ha använt det som ett bevis mot Jesus och anklagat Honom för att döma och fördöma? Det är därför Jesus inte avslöjade deras synder i tal, utan i stället skrev dem på marken så att inget bevis skulle finnas för det.

Människorna som pekade ut kvinnans missgärning och ropade att hon skulle straffas insåg plötsligt själva att de var syndare som också borde stenas. Fyllda av skam lämnade de platsen. Jesus blev ensam kvar med kvinnan efter att alla hade gått iväg.

### Jesus ger kvinnan en chans till omvändelse

"Jesus reste sig upp och sade till henne: 'Kvinna, var är de? Har ingen dömt dig?' Hon svarade: 'Nej, Herre.' Då sade Jesus: 'Inte heller jag dömer dig. Gå, och synda nu inte mer!'" (8:10-11)

När människorna som hade fördömt och anklagat äktenskapsbryterskan kände sig skamsna och hade lämnat henne, talade Jesus och sade passande nog till henne, "Inte heller jag dömer dig. Gå, och synda nu inte mer." För kvinnan som skakade av fruktan och skam var Jesu Ord förmodligen som en strimma solljus. När Jesus här säger att inte heller Han dömer henne, betyder det att Han förlåter henne. Varför förlät Jesus henne i stället för att döma henne, i enlighet med lagen? Det är för att Gud är rättvisans och kärlekens Gud.

I enlighet med lagen skulle kvinnan ha dött som straff för sina synder, men genom att förlåta henne ger Jesus henne en chans till omvändelse och att vända sig bort från sina vägar. Guds syfte med att sända sin Enfödde Son Jesus till denna värld var inte för att döma syndare och döda dem, utan för att ge dem en chans till omvändelse och att få evigt liv (Johannes 3:17; 12:47).

Så när Jesus förlät kvinnan hennes synder betonade Jesus samtidigt vikten av sann omvändelse, där man lämnar ett liv i ondska för det goda. Om vi har en vana av att synda samtidigt som vi vet att det är en synd och sedan omvänder oss, bara för att sedan göra detsamma igen, så är det inte sann omvändelse. Det spelar ingen roll vilken synd vi kan ha begått, det är väldigt viktigt att vända sig bort från synden och leva i enlighet med Guds Ord så snart som möjligt.

# Jesu budskap till judarna

Översteprästerna och fariséerna funderade hur de skulle kunna hitta något fel med Jesus; därför slängde de ofta ur sig frågor mot Honom för att få Honom att falla i deras fälla. Att fråga Honom vad de skulle göra med kvinnan som begått äktenskapsbrott, och om det var rätt eller inte att betala skatt till kejsaren, var några bra exempel på detta. De sammansvärjde till och med för att försöka fånga Jesus (Matteus 22:15).

Men varje gång gav Jesus inte bara ett oväntat och väldigt vist svar och undvek deras fälla, utan upplyste dem också alltid med sanningen. Oavsett vilken situation Han var i uppfyllde Jesus, som Guds Son som är Ljuset, lagen med kärlek, och handlade bara i enlighet med Guds vilja.

# Jag är världens ljus

"Jesus talade till dem igen och sade: 'Jag är världens ljus. Den som följer mig ska inte vandra i mörkret utan ha livets ljus.' Fariseerna sade till honom: 'Du vittnar om dig själv! Ditt vittnesbörd är inte giltigt.'" (8:12-13)

Ljus har makt att driva undan mörkret. Där det finns ljus finns det ingen plats för mörkret. Ljuset kontrollerar, övervinner och styr över mörkret. I 1 Johannes brev 1:5 står det, *"Gud är ljus."* Därför är Jesus, som är ett med Gud, också Ljus. Orsaken till att Jesus kallade sig själv "världens ljus" är för att världen ligger i mörker. Bara Jesus har makten att driva undan mörkret, och Han själv är Ljuset. Så varför ligger världen i mörker? I Johannes brev 2:15-16 står det, *"Älska inte världen, inte heller det som är i världen. Om någon älskar världen finns inte Faderns kärlek i honom. Allt som är i världen – köttets begär och ögonens begär och högmod över livets goda – det kommer inte från Fadern utan från världen."*

"Köttets begär" handlar om den syndfulla naturen som går emot Guds vilja och som får människan att synda. Lathet, äktenskapsbrott, utsvävningar, hat, avundsjuka, svartsjuka, girighet, skvallrande osv, är sådant som finns i människans hjärta och som får människan att synda. Om man inte tar bort köttets begär kommer det en dag uppeggas och få personen att synda i handling. Om någon till exempel har girighet och sedan ser något som han verkligen vill ha, kanske han går för långt för att få det, även om det innebär att han skuldsätter sig eller stjäl det han vill ha.

"Ögonens begär" är en egenskap i den syndfulla naturen som får en person att vilja ha något när hans hjärta har uppeggats genom att han har sett något med ögonen, eller hört något med öronen. Ibland hör vi nyheter om någon som begår ett brott efter att ha sett på en våldsam film. Efter att ha sett filmen har längtan efter att imitera det som hände i filmen, eller "ögonens begär" vuxit i honom och provocerat fram brottet.

"Högmod över livets god" är den syndfulla naturen som får människan att vilja skryta över sig själv, medan han söker allt som är njutningsfyllt i världen. För det mesta vill folk skryta över vilken familj de kommer från, deras utbildning eller förmågor. Men dessa begär kommer från härskaren över mörkrets välde, fienden djävulen. Därför kommer människor som följer köttets lust och söker den här världens nöjen en dag att ta emot Guds dom och möta evig död.

Å andra sidan är ljuset motsatsen till mörker. Det är liv och sanning och det representerar Guds Ord. Precis som ljuset lyser upp mörkret, kan vi, när Guds Ord upplyser oss om synd, rättfärdighet och dom, trots att vi en gång har levt mitt i osanningen, gå på sanningens, livets och rättfärdighetens väg. Det är därför Jesus sade, "Den som följer mig ska inte vandra i mörkret utan ha livets ljus." Vad Han menar är att människor som lämnar mörkret och lever i ljuset i enlighet med Guds Ord, som Jesus undervisar, genom detta kan ta emot evigt liv.

Ljus handlar också om Kristi väldoft. Så mycket som man

lämnar mörkret och lever mer i Ljuset, så mycket mer kan man leda andra människor till Ljuset och sanningen (Matteus 5:14-15). Precis som fjärilar kan känna blommors väldoft och samlas runt blommorna, kommer människor som älskar och söker sanningen samlas runt Ljuset.

När Jesus sade att Han är världens Ljus, fördömde fariséerna Honom och sade att Hans vittnesbörd inte var giltigt eftersom Han vittnade om sig själv. I Israel på den tiden hade ett vittnesbörd en mycket viktig plats i de rättsliga processerna. Om man upptäckte att ett vittne hade gett ett falskt vittnesbörd skulle vittnet straffas i stället för den anklagade. Det visar hur viktigt det var med sanning och vilket ansvar som vilade över vittnet. Vittnet skulle vara en objektiv instans mellan den anklagade och åklagaren så i de flesta fall tog rätten bara emot ett vittne som var en tredje part. De gjorde så för att undvika jäv så att det skulle vara ett rättvist och trovärdigt vittnesbörd.

Det är orsaken till att fariséerna fördömde Jesu vittnesbörd. Men i början av Jesu tjänst fanns det inte så många människor som kände till Jesus. Johannes Döparen fanns förstås där som hade förberett vägen för Herren, men inte lång tid därefter blev Johannes halshuggen av kung Herodes. Det var dessutom innan den Helige Ande kom så det fanns ingen som var ledd av Anden så att ryktet kunde spridas om Jesus. Det är därför Jesus visade att Han var Guds Son genom att sprida evangeliet om himmelriket.

## Jag dömer ingen

"Jesus svarade: 'Även om jag vittnar om mig själv är mitt vittnesbörd giltigt, för jag vet varifrån jag kommit och vart jag går. Ni vet inte varifrån jag kommer eller vart jag går. Ni dömer efter det yttre. Jag dömer ingen. Och även om jag dömer är min dom rättvis, för jag är inte ensam, utan Fadern som har sänt mig är med mig.'" (8:14-16)

De flesta människor gör oftast inte vad de säger att de tänker göra. Så när någon säger, "Jag är så här", tror inte andra personer honom eftersom de antar att personen är likadan som de själva. Så för att kunna validera vad någon säger, ser människor på vad personen har uppnått eller frukten av vad han har gjort förut.

Men Jesus sade alltid sanningen. Han lade aldrig till något eller drog ifrån något från vad Han hade sagt. Han sade till människor att Han kom från Gud, och Han visade dem vägen till frälsning. Han använde inte bara sina Ord, utan gjorde också tecken och under som var omöjliga för människor att göra, och Han visade sina Ords giltighet. Var Han än gick bevisades Hans sanningsenlighet. När Han förlät syndare blev deras sjukdomar och svagheter botade, och varenda en Han mötte förvandlades för alltid av mötet. Jesus visste också var Han kom från och var Han var på väg. Han visste vad början och slutet var, ursprunget och processen och sammanfattningen av allt.

Hur var det med fariséerna? De visste inte var Jesus kom från eller varför Han kom. Dessutom försökte de att förstå

Hans andliga budskap med sin världsliga logik och kunskap, och därför kunde de helt enkelt inte förstå. Därför blev de själva domare och började döma och fördöma Jesus.

Jesus talade om vad deras problem var. Han sa till dem att de dömde utifrån köttet. Att döma utifrån köttet innebär att man dömer någons karaktär eller värde utifrån det man ser i det yttre eller omständigheter. Det är att dra slutsatser om någons personlighet baserat på det yttre utseendet, ägodelarna, positionerna eller andras ord om dem.

Det var därför fariséerna kunde dra slutsatsen att kvinnan i enlighet med lagen måste bli stenad, genom att bara se på den yttre handlingen som kvinnan som tagits på bar gärning i äktenskapsbrott hade gjort. De funderade aldrig på vilka svårigheter kvinnan kan ha haft, eller vilka omständigheter hon kan ha varit i. De ansåg att lagen var mer värdefull än människan, och att döma korrekt var mer värdefullt än förlåtelse och kärlek. På samma sätt ser köttsliga människor allt utifrån deras egen logik och tankar, och därför hamnar de alltid fel och dömer felaktigt och begår ondska.

Jesu domslut var å andra sidan sanna. Han är Ordet som blev kött. Han är sanningen själv. Därför kunde Han inte vara, tala eller göra något annat än sanningen. Jesu domslut var sanna eftersom Gud var med Honom, precis som Han hade sagt, "Jag är inte ensam, utan Fadern som har sänt mig är med mig." Jesus sade detta trots att Han hade makten att döma, och det är Gud och endast Gud som är domaren över allt.

Jesus kom inte till den här världen för att vara dess domare, utan för att ta på sig hela mänsklighetens synd och ta emot dödstraffet å hela mänsklighetens vägnar. Eftersom Han måste ta på sig korset för att ta emot alla förbannelser som syndare skulle få, sade Han inte, "Jag kommer från Gud, därför är min dom sann." Om Han hade sagt, "Jag är Gud, därför är min dom korrekt", vad skulle ha hänt då? Jesus visste hur judarna skulle reagera och för att förhindra missförstånd eller frestelser för dem, talade Han med vishet.

## Om ni hade känt mig, skulle ni också känna min Fader

"'Även i er lag står det skrivet att vad två människor vittnar är giltigt. Jag är den som vittnar om mig själv, och även Fadern som har sänt mig vittnar om mig.' Då frågade de: 'Var är din Far?' Jesus svarade: 'Ni känner varken mig eller min Far. Hade ni känt mig, skulle ni också känna min Far.' Dessa ord talade han vid offerkistan när han undervisade på tempelplatsen. Men ingen grep honom, eftersom hans stund ännu inte hade kommit." (8:17-20)

För att döma korrekt i enlighet med lagen i en rättegång, var det nödvändigt med två eller fler vittnen (5 Mosebok 17:6, 19:15). Det är därför Jesus vittnade med tecken och under att Han var Guds Son; och eftersom Gud var Hans andra vittne hävdade Han att Hans vittnesbörd, i enlighet med lagen, var giltigt.

Hur var Gud Jesu vitten? Om du ser på Matteus kapitel 3 står det om när Jesus hade blivit döpt och kom upp ur vattnet.

Då hördes en röst från himlen som sade, *"Han är min älskade Son. I honom har jag min glädje"* (v. 17). Och under Jesu offentliga tjänst manifesterade Gud många mirakler som bara Han kunde göra, för att bevisa att Jesus är Hans Son, och att allt Hans sade var sant.

Men fariséerna förstod inte vad Jesus talade om, och frågade, "Var är din Far?" När Jesus talade om "Fadern som har sänt mig" trodde fariséerna att Jesus talade om sin fysiska far. De förstod inte den andliga innebörden bakom Jesu Ord, och de kunde inte förstå varför Jesus kallade Gud sin Far.

Från den stunden försökte översteprästerna och fariséerna arrestera Jesus så fort minsta möjlighet gavs dem. Men trots att Jesus undervisade människorna och befann sig på offentliga platser som i templet, vågade ingen arrestera Honom. Det var för att det ännu inte var Hans tid att ta lidandet på korset. Eftersom allt sker under Guds auktoritet, kunde ingen närma sig Jesus förrän Gud tillät det.

### Profetian om Jesu död på korset, Hans uppståndelse och uppstigning

*"Än en gång sade Jesus till dem: 'Jag går bort och ni ska söka efter mig, men ni kommer att dö i er synd. Dit jag går kan ni inte komma.' Då sade judarna: 'Tänker han ta sitt liv, eftersom han säger: Dit jag går kan ni inte komma?'"* (8:21-22)

Efter att ha vittnat om att Han var Guds Son sade Jesus

något som hade lite mer andligt djup i sig. Han talade till dem om sin död på korset, Hans uppståndelse och Hans uppstigning. "Jag går bort och ni ska söka efter mig, men ni kommer att dö i er synd." Här handlar "ni" om judarna som var emot Honom. De sökte ivrigt efter Messias, men trots att Messias stod rakt framför dem kände de inte ens igen Honom! I stället hånade de Honom, trots att Han var Messias, och trodde att Han var son till en fattig snickare och en vän till de svaga och syndarna.

Det är därför Jesus sade, "Jag går bort och ni ska söka efter mig, men ni kommer att dö i er synd." Han tyckte väldigt synd om dem, eftersom de var på dödens väg. När Jesus sade att de skulle dö på grund av deras synd, lät Han dem få veta att de inte bara var andligt väldigt okunniga utan också att deras hjärtan var fulla av avundsjuka och ondska, och eftersom de förnekade Kristus skulle de dö av smärta och förtvivlan.

Jesus sade också, "Dit jag går kan ni inte komma" och talade med dem om sin uppstigning efter att Han dött på korset. Men judarna förstod det inte och de trodde att Jesus var på väg att ta sitt eget liv. För dem var det faktum att Jesus, som för dem bara var en son till en fattig snickare, skulle uppstiga till himlen, långt bortom deras fantasi. På samma sätt kommer en köttslig person hitta på alla möjliga slags spekulationer efter en annan.

### Begynnelsen, vilket jag också har sagt er

"Han sade till dem: 'Ni är nerifrån, jag är från ovan. Ni är av den här världen, jag är inte av den här världen.

Det var därför jag sade till er att ni kommer att dö i era synder. För om ni inte tror att Jag Är, ska ni dö i era synder.' De frågade: 'Vem är du då?' Jesus svarade: 'Begynnelsen, vilket jag också har sagt er'" (8:23-25)

När Jesus använde ordet "nerifrån" här, menade Han "från marken", och "Ni är nerifrån" betyder att de [judarna] var födda i den här världen av sina köttsliga föräldrar; och att de hade lärt sig sådant som har med köttet och göra, vilket de hade lagrat som kunskap. Det var därför de inte kunde förstå, eller tro det som Jesus sade om den fjärde dimensionen eller den andliga världen. Till skillnad från dem var Jesus från ovan. Eftersom Han hade blivit till av den Helige Ande genom Guds kraft, hade allt skett i Anden, ända från den tid då Han föddes. I Johannes 7:15 frågade judarna, *"Hur kan han känna Skrifterna, han som inte har studerat?"* I stället för att göra som människan handlade Jesus enbart i sanningen och Guds Ord, vilket visar att Han inte är av den här världen.

När Jesus sade, "Om ni inte tror att Jag Är, ska ni dö i era synder" frågade judarna, "Vem är du då?" På detta svarade Jesus, "Begynnelsen, vilket jag också har sagt er." Jesus försökte påminna dem om vad Han hade sagt till dem hela tiden – att Han är Messias som Gamla testamentet profeterade om, den som judarna hade väntat på så länge.

Låt oss nu ta en titt på hur det Gamla testamentet profeterade om Messias, och undersöka hur Nya testamentet har blivit uppfyllelsen av det som profeterats om Honom.

Om du läser i 1 Mosebok 3:15 står det, *"Jag skall sätta fiendskap mellan dig och kvinnan och mellan din avkomma och hennes avkomma. Han skall krossa ditt huvud och du skall hugga honom i hälen."* Det här är vad Gud sade till ormen, som hade frestat Eva med att äta frukten av trädet med kunskapen om gott och ont. Här representerar ormen fienden djävulen och Satan, och kvinnan representerar Israel. Det här är en profetia som säger att Messias ska födas i Israel och få seger över fienden djävulen. Det är exakt vad som hände (Galaterbrevet 4:4-5). Jesus Kristus, som kom från kvinnans släktled, föddes in i nationen Israel. Han besegrade dödens makt, som var under fienden djävulens och Satans makt, och uppstod från det döda, och fullbordade en gång för alla Guds frälsningsplan.

Och som det står skrivet i Jesaja 7:14, *"Därför skall Herren själv ge er ett tecken: Se, jungfrun skall bli havande och föda en son och hon skall ge honom namnet Immanuel"* föddes Jesus av jungfru Maria. Och som det står i Jeremia 31:15 skedde det att kung Herodes utgöt många av barns blod vid tiden för Jesu födelse (Matteus 2:16).

Att Jesus skulle utföra många tecken för att visa Guds kraft står i Jesaja 35:5-6 och det att Judas Iskariot skulle sälja Jesus för trettio silvermynt är profeterat i Sakarja 11:12. Och Jesu uppståndelse och uppstigning finns profeterat på andra ställen i Bibeln (Psaltaren 16:10, 68:18).

Historien bekräftar därför att alla profetior som handlar om Jesus inträffade exakt som de hade sagt att det skulle ske. Genom att bara läsa några få verser i Bibeln kan vi veta och förstå att Jesus är Frälsaren som kom för att rädda mänskligheten. Som Messias visste Jesus också vad som fanns djupt inne i judarnas hjärtan. Det var därför Han kunde döma dem med sanningen. Men Han fördömde dem inte utifrån negativa känslor. I stället gjorde Han sitt bästa för att leda dem till sanningen.

## Han som har sänt mig är med mig

"'Jag har mycket att säga om er och döma er för. Men han som har sänt mig är sann, och det jag hört av honom förkunnar jag för världen.' De förstod inte att han talade till dem om Fadern. Då sade Jesus till dem: 'När ni har upphöjt Människosonen, då ska ni förstå att Jag Är och att jag inte gör något av mig själv utan talar så som Fadern har lärt mig. Och han som har sänt mig är med mig. Han har inte lämnat mig ensam, för jag gör alltid det som behagar honom.' När han sade detta kom många till tro på honom." (8:26-30)

"Han som har sänt mig" handlar om Gud, och "det jag har hört av Honom" handlar om sanningen. Men judarna insåg inte att personen som Jesus talade om var Gud Fadern. För att kunna dela sanningen så mycket Han kunde, och för att frälsa åtminstone en själ till, fanns det gånger då Jesus predikade evangeliet om himlen utan att ens äta eller sova. Han gjorde alltid det som behagade Gud; och därför lämnade Gud aldrig Honom.

Det som behagade Gud med Jesus var att Han ödmjukade sig själv och var fullständigt underordnad Guds vilja i allt Han gjorde. Det är också orsaken till varför så många människor trodde på Jesus och följde Honom, fariséerna och sadducéerna undantagna eftersom de hade onda hjärtan.

# Friheten i sanningen

Världen säger att sanningen har förändrats och förändrats efter hur tiden och omständigheterna har ändrats. En gång i tiden trodde man att Jorden var universums mittpunkt. Men genom vetenskapens frammarsch har teorin att solen är universums centrum blivit den nya sanningen. Men det finns en sanning som är oföränderlig och den sanningen är Guds Ord. Att kunna denna sanning betyder inte bara att man lär sig och kan Guds Ord; det betyder också att man förstå Guds vilja, gör sig av med det onda och handlar efter sanningen.

**Sanningens frihet: Känna sanningen gör dig fri**

"Jesus sade till de judar som hade kommit till tro på

honom: 'Om ni förblir i mitt ord är ni verkligen mina lärjungar. Ni ska lära känna sanningen, och sanningen ska göra er fria.'" (8:31-32)

Judarna trodde att så länge de lydde lagen skulle de bli erkända som Guds folk, och de skulle ta emot frälsning. Men de gjorde sig inte av med ondskan från sina hjärtan. Så för att få dem förstå vad riktig sanning är sade Jesus till dem, "Om ni förblir i mitt ord är ni verkligen mina lärjungar." Frälsning är bara möjlig när man tror på Jesus Kristus. När vi tror på Jesus Kristus blir vi förlåtna våra synder, och när vi handlar i enlighet med sanningen, blir vi Herrens sanna lärjungar och vi kan komma till himlen.

"Förbli i mina ord" betyder att älska, be, göra sig av med avundsjuka, svartsjuka, hat, osv i enlighet med Ordet; och det betyder att förbli i budorden. Bara när vi förblir i Jesus, söker sanningen och handlar i ljuset, kan vi bli en verklig lärjunge till Jesus och säga att vi verkligen "känner sanningen." Genom att sätta upp Guds Ord på deras dörrposter och portar och binda Hans Ord på sina handleder för att tänka på och lyda dem varje dag och natt, skröt judarna om att de visste vad sanningen var. Men, de lydde lagen utan att egentligen förstå Guds vilja.

Att fysiskt lyda Guds lag utan att i sanning förstå Guds goda och fullkomliga vilja som finns inbäddad i dessa lagar är som att kasta iväg fröna och äta agnarna. Ett exempel på att judarna inte visste varför Gud hade gett människan sabbatsdagen var att de fördömde Jesus för att Han gjorde en god gärning på sabbatsdagen. De lydde inte lagen utifrån glädje. De lydde lagen för att de måste, eller av rädsla för att bli straffade om de inte lydde lagen. Deras livsstil var knuten till de gamla traditionerna och stadgarna som hade blivit överlämnade till dem av deras förfäder. Hur ledsen Jesus måste ha varit för att Han visste detta! Det är därför Han sade till dem, "Ni ska lära känna sanningen, och sanningen ska göra er fria." I det dagliga livet är det ingen som kommer ihåg alla detaljer i varje lag och kontrollerar om han gör efter vad lagen säger i varje steg han tar. Vanligtvis lever man normalt och lyder lagen automatiskt. Det är så länge lagen inte stänger oss inne och vi lever med frihet. Detsamma gäller vårt andliga liv. När det finns osanning i våra hjärtan är det mycket frihet vi inte har, och vi fortsätter att leva som slavar till synden. Efter hur mycket ondska vi har i våra hjärtan, kommer vi stå emot Guds Ord så mycket, så därför behöver vi hela tiden kontrollera vad som finns inom oss. Hur svårt det skulle vara att behöva ifrågasätta om något är synd eller inte innan varje steg vi tar! Och om vi gör oss av med osanningen från våra hjärtan och fyller det med sanning kommer vi, även om vi inte frågar eller resonerar kring varje lag och detalj, känna oss fördömda.

Precis som någon som är fantastisk duktig på att följa lagen aldrig begränsas av lagen, kommer sanningen göra oss fria när vi förblir i Guds Ord. Om vi inte har hat, avundsjuka, svartsjuka eller splittring och vi inte snavar i någon omständighet och vi kan hålla frid med alla, då finns det sann frid i våra liv, och vi kan vara glada. Det är vad det innebär att få frihet genom att känna sanningen.

## Var och en som ägnar sig åt synd är slav till synden

"De svarade honom: 'Vi är Abrahams barn och har aldrig varit slavar under någon. Hur kan du säga att vi ska bli fria?' Jesus svarade: 'Jag säger er sanningen: Var och en som ägnar sig åt synd är syndens slav. Slaven är inte kvar i huset för alltid, men sonen är kvar för alltid. Om nu Sonen gör er fria blir ni verkligen fria.'" (8:33-36)

Jesus sade att glädjen och lyckan man har när man lever i sanningen är "frihet", i andlig bemärkelse. Men judarna tog det här bokstavligt och trodde att Han talade om att vara någons slav och sedan bli fri. Det är därför de var snabba att säga att de var Abrahams efterkommande, och att de aldrig hade varit slavar under någon.

På detta svarade Jesus dem, "Var och en som ägnar sig åt synd är syndens slag" och Han lät dem få veta att de är syndare. Men varför blir vi slavar åt synden? Det finns en andlig ordning som säger, *"Vet ni inte att om ni ställer er som slavar under någon och lyder honom, då är ni hans slavar..."* (Romarbrevet 6:16). Om vi lyder fienden djävulen och Satan, som är syndens herre, och begår en synd, så blir vi en slav till fienden djävulen och Satan, och syndens slav.

Slaven måste underordna sig sin herre. Även om de blir köpta och sålda som djur, kan de inte göra något åt det. Och på grund av fienden djävulens och Satans anklagelser får syndens slavar många problem, och sjukdomar kryper in i deras liv. Och på grund av att syndens lön är döden, hamnar de till slut i helvetet där elden aldrig dör.

Å andra sidan får sonen njuta av allt det goda som hans fader har, och får senare ärva efter honom. När vi blir fria från syndens slaveri och blir ett Guds barn kommer vi inte bara kunna fortsätta leva ett liv i frihet i Gud Faderns kärlek som vill ge oss allt det goda, vi kommer också till slut få ta emot himlen som vår arvedel.

Fram till den här punkten hade Jesus inte riktigt visat vem Han var. Jesus visste att om Han berättade för folket att Han hade kommit till denna värld som Guds Son, skulle några antingen falla i frestelse eller anklaga Honom; och Han såg ingen anledning att hetsa upp dem på det sättet. Men i den här delen av texten förklarar Han enkelt för alla att Han är den som ger frihet och att Han är Guds Son. Varför gjorde Han det? Han gjorde det för att många av dem som lyssnade på Honom på den tiden hade kommit till tro.

För att kunna frälsa hela mänskligheten från synd dog Jesus på korset. Och Han besegrade dödens makt och uppstod. Och som det står skrivet i Romarbrevet 8:1-2 kan vi inte längre anklagas utan ha sann frihet eftersom Jesus frigjorde oss från syndens och dödens lag, så länge vi är i Kristus Jesus.

### Om ni är Abrahams barn

"'Jag vet att ni är Abrahams barn, men ni vill döda mig därför att ni inte tar emot mitt ord. Jag talar vad jag sett hos min Far, ni gör vad ni har hört av er far.' De svarade honom: 'Vår far är Abraham.' Jesus sade:

'Om ni vore Abrahams barn skulle ni göra Abrahams gärningar. Men nu vill ni döda mig, en man som har sagt er sanningen, som jag har hört från Gud. Så gjorde inte Abraham.'" (8:37-40)

Judarna på den tiden var väldigt stolta över att vara Abrahams barn. De tyckte inte särskilt mycket om Jesus. Om Jesus hade sagt, "Ni har inte de kvalifikationer som krävs för att vara Abrahams barn" skulle de ha blivit ännu missnöjdare. Det är varför Jesus först bekräftade deras ställning med orden, "Jag vet att ni är Abrahams barn" och sedan fortsatte att undervisa dem. Genom att säga, "men ni vill döda mig därför att ni inte tar emot mitt ord." Jesus försökte hjälpa dem att själva vända sig bort ifrån sina felaktiga vägar.

I stället för att gå rakt på använde Jesus en indirekt vinkel för att peka ut deras missgärningar; och när Han gjorde så lät Han dem få veta att alla Ord Han talade kom från Gud (Johannes 5:19-20, 12:49). Sedan talade Han om för dem att de som de gjorde kom från fienden djävulen och Satan. Men de svarade, "Vår far är Abraham."

Judarna såg heliga och rena ut på utsidan för att se fromma ut inför människor, men djupt inne i deras hjärtan var de fyllda av skrytsamhet, laglöshet, girighet och omåttlighet. Men Abraham var fullständig underordnad Guds Ord och följde vartenda Ord Gud gav honom – så mycket att han blev kallad Guds vän. Han var så givmild att han till och med gav det bättre landområdet till sin brorson genom att låta honom välja först. Och när Sodom och Gomorra höll på att förgöras bad han Gud om barmhärtighet; i förbön för människorna som bodde där.

Han var en man med sann tro, som till och med var villig att offra sin son Isak, som han hade fått vid hundra års ålder, när Gud bad honom om det.

Om judarna var så stolta över att ha en sådan förfader skulle de ha försökt göra som han gjorde. De kallade Abraham för sin "fader" och ändå försökte de döda Jesus som talade sanningen som Han hade hört från Gud Fadern. Jesus försökte visa judarna hur motsägelsefulla de var.

## Om Gud var er Fader

**"'Ni gör er fars gärningar.' De svarade: 'Vi är inte födda i äktenskapsbrott! Vi har bara en far, Gud.' Jesus svarade: 'Vore Gud er Far skulle ni älska mig, för jag har utgått från Gud och kommer från honom. Jag har inte kommit av mig själv, utan han har sänt mig.'" (8:41-42)**

Här betyder ordet "far" bokstavligen en förälder men andligt talat betyder det djävulen. Fienden djävulen är herre över den fallna människan. 1 Johannes brev 3:8 säger, *"Den som ägnar sig åt synd är av djävulen, för djävulen har syndat ända från begynnelsen. Men Guds Son har uppenbarats för att göra slut på djävulens gärningar."* "Djävulens gärningar" handlar om alla sorters och former av ondska som kommer som ett resultat av synd. Guds folk gläder sig när de ser något som är fromt och de följer med glädje sådant som är rätt. Men judarna försökte döda Jesus och det är därför Jesus sade att de gjorde djävulens gärningar.

Judarna försvarade sig själva med orden, "Vi är inte födda i äktenskapsbrott! Vi har bara en far, Gud." Vad judarna menade med äktenskapsbrott var att böja sig ner för andra gudar och tillbe falska avgudar. Vi kan se i Gamla testamentet att ord som "äktenskapsbrott" och "prostitution" används närhelst en varning mot att tillbe falska avgudar ges (Domarboken 2:17; Hesekiel 23:30). Eftersom judarna var säkra på att de levde ett liv strikt efter lagen, vågade de frimodigt kalla Gud för "Far", till skillnad från de förfäder som stod emot Gud.

Sedan berättade Jesus dem vad de behövde göra för att verkligen kunna kalla Gud för "Far." Jesus sade, "Vore Gud er Far skulle ni älska mig." Varför tror du Jesus sade det? Det är för att Gud sände Jesus. Människor som verkligen älskar Gud lyder inte lagarna för att de måste, de lyder dem med en sann önskan att lyda Gud från deras hjärtas centrum. Eftersom de har godhet i sina hjärtan kunde sådana människor känna igen Jesus som kom som Kristus (Lukas 2:25-38). Judarna följde lagen, men de gjorde det för att de måste, och de gjorde sig inte av med ondskan från sina hjärtan, och även fast Jesus stod rakt framför ögonen på dem kände de inte igen Honom.

### Varför förstår ni inte?

"Varför förstår ni inte vad jag säger? Därför att ni inte kan höra mitt ord. Ni har djävulen till far och vill följa er fars begär. Han har varit en mördare från början och har aldrig stått på sanningens sida, för det finns ingen sanning i honom. När han talar lögn talar han utifrån sig själv, för han är en lögnare och lögnens fader." (8:43-44)

Judarna satt så fast i sina teorier och åsikter att de inte ens försökte lyssna på Jesu Ord. Även fast de bekräftade att Guds kraft verkade genom Jesus ville de inte erkänna det, och fastän Jesus sade till dem att Han var Kristus ville de inte tro på Honom. Om det inte var till nytta för dem vill de inte acceptera det, även fast det var rätt. Om de hade haft en självisk längtan efter något som var till nytta för dem, skulle de ha gjort vad som helst för att få tag på det, oavsett vad som hände med andra människor. Jesus lärde dem att det var på grund av de själviska begär som kom från djävulen i dem.

Orden "mördare från början" och "lögnare" pekar tydligt ut vad fienden djävulens och Satans personlighet är. Fienden djävulen och Satan lockade ormen till att använda listiga lögner för att förföra Eva till att vara olydig mot Guds Ord. Satan andades in köttets begär, ögonens begär, och högmod över livets goda i människan. Satan uppeggade också Kains avundsjuka vilket till slut ledde honom till att döda sin yngre bror. Sedan fortsatte Satan att fresta människor till att bli fläckade av synd. Judarna tänkte för sig själva att de hade stark tro på Gud och de ansåg att Jesus var en lögnare som påstod att Han var Guds son. Det är därför Jesus använde sanningens ord för att avslöja deras hjärtas inre. Han hjälpte dem att förstå det faktum att eftersom de var fyllda av lögner och själviska begär som provocerade dem till att söka sådant som var till nytta för dem själva, var de av djävulen.

### Vem av er kan visa att jag skulle ha syndat?

"Men jag säger sanningen, och därför tror ni mig inte! Vem av er kan visa att jag skulle ha syndat? Om jag talar sanning, varför tror ni mig inte? Den som är av Gud lyssnar till Guds ord. Men ni lyssnar inte, därför att ni inte är av Gud." (8:45-47)

En sanningsenlig person bekräftar en annan persons uppriktighet och tror på den personen. Orsaken till att judarna inte trodde på Jesus ens när Han talade sanningen var för att de själva inte var sanningsenliga. Översteprästen, prästerna och fariséerna gjorde allt, så fort de fick möjlighet, för att få något att anklaga Jesus för så de prövade Honom genom att slänga ut listiga frågor mot Honom. Men varje gång hamnade de i en frustrerad situation där de inte kunde komma på ett bra svar på Jesu ord av sanning. På detta frågar Jesus, "Om jag talar sanning, varför tror ni mig inte?"

Den som är av Gud tror på Guds Ord och handlar i godhet. 1 Johannes brev 4:7 säger, *"för kärleken kommer från Gud."* Förutom kärlek kommer godhet, rättvisa, sanning, tro och så vidare också från Gud. Gud är alltid i ljuset. Han är också god och rättfärdig. När de som är av Gud kommer inför Honom förändras de. Men kärlek, godhet och rättfärdighet fanns inte i judarna. Det faktum att de inte trodde på Jesus, som talade sanningen, visade att de inte var av Gud.

# Judarna försöker stena Jesus

Stening var ett offentligt avrättningssätt som judarna använde på den tiden. I enlighet med lagen fanns det sjutton brott som stening skulle användas som straff för; en del var på grund av hädelse, avgudadyrkan, bryta mot sabbaten, trolldom, äktenskapsbrott osv. Eftersom de inte förstod Jesu Ord ansåg de att Han var skyldig till hädelse. Så de tyckte att de kunde stena Jesus i enlighet med lagen.

## Jag är inte besatt

"Judarna svarade: 'Visst har vi rätt när vi säger att du är samarier och besatt av en ond ande?' Jesus svarade: 'Jag är inte besatt. Jag ärar min Far, och ni vanärar mig.

Jag söker inte min egen ära, men det finns en som söker den och som dömer."' (8:48-50)

När Jesus enkelt avslöjade judarnas andliga tillstånd helt öppet, började de skruva på sig av ilska. Det var därför de svarade Jesus skarpt med onda ord. "Visst har vi rätt när vi säger att du är samarier och besatt av en ond ande?" Under dessa dagar var det väldigt nedsättande att i det judiska samhället kalla någon för "samarier." Det är typiskt när människor bråkar med varandra och deras känslor går i taket att de kallar varandra sådant de normalt skulle tycka var dåligt eller negativt att säga i deras vardagsliv. En del kan säga, "Du är en hund!" eller "Du är en skurk!" Nu när judarna kallade Jesus för "samarier" var det samma sak.

Förutom det anklagade de Jesus för att vara "besatt av en ond ande." Detta visar att det onda de hade i sina hjärtan hade nått bristningsgränsen. Som svar på deras onda kommentar sade Jesus bara, "Jag är inte besatt. Jag ärar min Far, och ni vanärar mig." Han lärde dem att i allt Han gjorde, gjorde Han det med ett hjärta som hedrade Fadern, inte med ett hjärta som sökte sin egen ära.

Det fanns tillfällen då det var nödvändigt att Jesus visade att Han var Guds Son, och det fanns tillfällen då Han förlät synder. När judarna såg det missuppfattade de och trodde att Han sökte sin egen ära. Det var därför Han sade, "Jag söker inte min egen ära." Och när Han sade, "men det finns en som söker den och som dömer" menade Jesus att när Han söker Guds ära kommer Gud också att ära Jesus.

# Vem tror du att du är?

"'Jag säger er sanningen: Den som bevarar mitt ord ska aldrig någonsin se döden.' Judarna sade: 'Nu vet vi att du har en ond ande. Abraham dog och likaså profeterna, och du säger: Den som bevarar mitt ord ska aldrig någonsin smaka döden. Är du större än vår far Abraham? Han dog, och profeterna är döda. Vem tror du att du är?'" (8:51-53)

Bevarandet av Jesu Ord påverkar om vår ande får leva eller dö. Om vi tror på Jesus, som är uppståndelsen och livet, och vi lever av Hans Ord, tar vi emot evigt liv och får leva för evigt i himlen (Johannes 11:25-26). Det var därför Jesus sade, "Den som bevarar mitt ord ska aldrig någonsin se döden."

Judarna hade ingen aning om vad detta betydde. Än en gång jämförde de Jesus med Abraham och anklagade Honom sedan för att vara besatt. De sade, "Nu vet vi att du har en ond ande. Abraham dog och likaså profeterna, och du säger: Den som bevarar mitt ord ska aldrig någonsin smaka döden. Är du större än vår far Abraham? Han dog, och profeterna är döda. Vem tror du att du är?" Ja, dessa judar var Abrahams efterkommande, men Gud bekräftade inte dem. Gud bekräftar inte någon som bara baserar sitt liv på sitt släktled eller genom att lyda lagen. Han bekräftar de som i själva verket lever i rättfärdighet med sann tro (Romarbrevet 4:13, 16).

## Det är min Far som ärar mig

"Jesus svarade: 'Om jag ärar mig själv är min ära ingenting värd. Det är min Far som ärar mig, han som ni kallar er Gud. Ni känner honom inte, men jag känner honom. Om jag sade att jag inte kände honom, skulle jag vara en lögnare som ni. Men jag känner honom och bevarar hans ord.'" (8:54-55)

De som skryter över sig själva eller som försöker visa upp sig själva har svårt att vinna tillit hos dem runt omkring. Folk tycker ofta att sådana människor antingen överdriver eller ljuger helt och hållet. Det är därför Jesus också sade, "Om jag ärar mig själv är min ära ingenting värd." och Han visade att Gud är den som ärar Honom. Men när Han sade detta kallade Han inte bara Gud för "Gud" utan "min Far", "han som ni kallar er Gud."

Nu var judarna helt rasande på Jesus och de ansåg att Han inte hade något alls med Gud att göra; och insisterade på att Han var demonbesatt. De kände av krisen och var redo att hota Honom direkt.

Om Jesus i den här situationen hade blivit rädd, tagit ett steg tillbaka och sagt, "Jag känner inte Gud", då skulle Han ha blivit en lögnare, precis som dem. Men Jesus – som själv är Gud – kände förstås Gud. Som en slutgiltig bekräftelse på att Hans Ord var sanna sade Han, "Jag känner honom och bevarar hans ord." Nu förklarade Jesus vad Han ville säga på ett väldigt tydligt sätt och rakt på sak.

## Judarna försöker stena Jesus

"'Abraham, er far, jublade över att få se min dag. Han såg den och gladde sig.' Judarna sade: 'Du är inte femtio år än, och Abraham har du sett!' Jesus svarade: 'Jag säger er sanningen: Jag Är, innan Abraham fanns.' Då tog de upp stenar för att kasta på honom, men Jesus drog sig undan och lämnade tempelplatsen." (8:56-59)

Eftersom judarna talade om Abraham försökte Jesus relatera till det genom att tala till dem om Abraham. I 1 Mosebok 22:18 hade Gud ingått förbund med Abraham och sagt, *"I din avkomma skall alla jordens folk bli välsignade, därför att du lyssnade till min röst."* Men Abrahams arvingar är inte arvingar genom släktled eller lagen, utan genom rättfärdigheten av tro (Romarbrevet 4:13). Så för att fullgöra det var Jesus tvungen att fullgöra frälsningsplanen.

Abraham, som brukade ha djupa konversationer med Gud, visste att förbundet som Gud hade ingått med honom skulle uppfyllas en mycket lång tid efter hans egen livstid, genom Jesus Kristus. Så självklart var han glad och längtade efter Jesu ankomst! Men för judarna, som inte hade någon kunskap om den andliga världen, var detta otänkbart! Så de frågade hur en person som ännu inte är femtio kunde ha sett Abraham, som levde för 2 000 år sedan.

På detta svarade Jesus, "Jag säger er sanningen: Jag är, innan Abraham fanns." Detta är sant. Trots att Jesus var född i köttet två tusen år efter Abraham hade Han, i anden, existerat innan dess. Det beror på att Jesus var med Gud från tidens begynnelse.

Jesus sade bara sanningen som den var, men judarna kunde inte hålla tillbaka sin ilska längre och tog upp stenar för att kasta på Jesus. De blev rasande och försökte döda Honom eftersom de missförstod Hans andliga Ord. Men eftersom det inte var Hans tid ännu lämnade Jesus templet för att undvika dessa människor som var så fyllda av illvilja.

## Kapitel 9

# Jesus botar en blind man

1. Gå och tvätta dig i dammen Siloam
(9:1-12)

2. Den blinde mannen som blivit botad och fariséerna
(9:13-34)

3. Att vara andligt blind
(9:35-41)

# Gå och tvätta dig i dammen Siloam

I Bibeln finns det människor vars liv blev förvandlade 180 grader efter att ha mött Jesus. Förutom de tolv lärjungarna fanns det en kvinna som hade lidit av blödningar under tolv år och en blind tiggare vid namn Bartimeus. En annan av de människor som blev förvandlade var en man som hade varit blind sedan födseln.

## Orsaken till sjukdomen

"När Jesus kom gående såg han en man som hade varit blind från födseln. Hans lärjungar frågade: 'Rabbi, vem har syndat så att han föddes blind? Han själv eller hans föräldrar?'" (Johannes 9:1-2)

En dag när Jesus var ute och gick mötte Han en blind man. Han hade varit blind sedan födseln. Eftersom han kom från en fattig familj levde han dag efter dag som tiggare. När lärjungarna såg honom blev de nyfikna och frågade Jesus, "Rabbi, vem syndade, han själv eller hans föräldrar?" Varje gång Jesus hade helat de sjuka, förlamade och demonbesatta hade Han nämnt något om synd. När Han botade mannen vid Betestadammen som varit förlamad i 38 år sa Han till honom att inte synda mer. När Han botade den förlamade sade Han, *"Dina synder är förlåtna"* (Markus 2:5). Vi vet från Markus kapitel 2 att Jesus först löste problemet med synd. Så genom dessa tillfällen fick lärjungarna lära sig att sjukdomar, svagheter och handikapp var ett resultat av synd.

"Sjukdom" enligt Bibeln är något onormalt i kroppen som gör kroppen sjuk, vanligtvis orsakat av gift eller något slags virus. "Svagheter" och "handikapp" är när kroppen inte kan klara av normala aktiviteter på grund av att en lem i kroppen antingen är förlamad eller handikappad på grund av något som personen kan ha gjort, genom personens föräldrar eller genom en olycka. Dessa typer av handikapp kategoriseras som antingen medfödda handikapp eller förvärvade handikapp. I 5 Mosebok kapitel 28 står det om flera förbannelser som kan komma över den som inte lyder Guds Ord och som inte följer Hans befallningar och bud. För när någon syndar kommer fienden djävulen och Satan med anklagelser mot honom på grund av hans synd.

Följande verser ger en sammanfattande beskrivning av synd som Bibeln säger: *"Allt som inte sker av tro är synd"*

(Romarbrevet 14:23); *"Den som alltså förstår att göra det goda men inte gör det, han syndar"* (Jakobs brev 4:17); och *"Det goda som jag vill gör jag inte, men det onda som jag inte vill, det gör jag. Men om jag gör det jag inte vill, då är det inte längre jag som gör det utan synden som bor i mig"* (Romarbrevet 7:19-20). Och synd inkluderar "köttets gärningar" (Galaterbrevet 5:19-21) och "det som har med köttet att göra" (Romarbrevet 8:5-6).

Är då sjukdomar alltid orsakade av synd? Inte alltid. Precis som lärjungarna funderade finns det många fall där en sjukdom är orsakad av synd för att man stått emot Gud, men det finns också undantag.

Det finns fall där en person blivit sjuk för att han har ätit fel slags mat eller överarbetat kroppen utan att vara försiktig vid övningar eller gjort något utan självkontroll. Sjukdomar kan också komma av ångest, mental stress och demonbesättelse på grund av att man blivit kuvad under Satan. Det finns också sällsynta orsaker där en defekt spermie eller ett defekt ägg blir befruktat.

Men de flesta sjukdomar och medfödda handikapp beror på att personen själv eller hans föräldrar, och/eller hans förfäder har begått avgudadyrkan och/eller många andra synder. Men fallet med den här blinde mannen var ett sällsynt fall. Mannens blindhet var inte orsakad av synd, utan för att Guds härlighet skulle uppenbaras genom honom.

## Varför var han blind från födseln?

"Jesus svarade: 'Det är varken han eller hans föräldrar som har syndat, utan det har hänt för att Guds verk skulle uppenbaras på honom.'" (9:3)

På lärjungarnas fråga svarade Jesus, "Det har hänt för att Guds verk skulle uppenbaras på honom." Om vi tolkar det här svaret bokstavligt låter det som att Gud medvetet valde att denne man skulle vara blind från födseln. Det var dock inte så. Skulle en Gud så full av kärlek att Han offrade sin Enfödde Son för att frälsa syndare med vilje göra någon blind från födseln? Aldrig! Vad är det då Jesus menar här?

I Lukas kapitel 4 står det om den gången då Jesus fick Jesaja bok överräckt till sig och Han öppnade den och läste profeten Jesajas profetia. Denna profetia talar specifikt om Jesu uppdrag här på jorden och vilka gärningar Han skulle göra här. Och, precis som Jesajas profetia sade, uppväckte Jesus döda, botade sjuka, öppnade blindas ögon och gjorde så att stumma kunde tala.

När Han påbörjade sin offentliga tjänst läste Jesus skriftstället: *"Herrens Ande är över mig, för han har smort mig till att förkunna glädjens budskap för de fattiga. Han har sänt mig att utropa frihet för de fångna och syn för de blinda, att ge de förtryckta frihet och förkunna ett nådens år från Herren"* (Lukas 4:18-19).

Den blinde mannen var också utvald för att visa Guds härlighet. Men han blev inte utvald på måfå. Denne man kom till den här världen som ett resultat av en defekt spermie och ett ägg som blev befruktat. Det var inte ett resultat av en synd. Men på grund av detta handikapp hade han ett svårt liv, vilket gjorde att han fick Guds medlidande. Hans bekännelse och handlingar efter att ha blivit botad visar oss varför han blev utvald (Johannes 9:17, 27).

"Så länge dagen varar måste vi göra hans gärningar som har sänt mig. Natten kommer då ingen kan arbeta. När jag är i världen är jag världens ljus." (9:4-5)

Bibeln har många illustrationer där natt och dag används. 1 Tessalonikerbrevet 5:5 säger, *"Ni är alla ljusets barn och dagens barn. Vi tillhör inte natten eller mörkret."* Romarbrevet 13:13 säger, *"Låt oss leva värdigt, som på dagen, inte med vilda fester och fylleri, inte med otukt och orgier, inte med strid och avund."* Så i enlighet med Bibeln symboliserar dag allt som hör till sanningen, och natt symboliserar mörkret och allt som är osant.

Till viss del förr var dagen en symbol för normal arbetstid. Nu för tiden, med utvecklingen av industrin och teknologin finns det dock många som arbetar sena kvälls- och nattskift. Men på Jesu tid arbetade de flesta dagtid. Så "dag" handlar om den tid då man arbetar, eller den tid då man gör Guds verk. Och "Hans gärningar som har sänt mig" innebär det andliga verk som ger ära till Gud och att leda många människor till tro på Gud.

Därför botade Jesus den blinde mannen, gav ära till Gud och hjälpte många människor att tro på Gud. Precis som vår arbetsdag tar slut när solen går ner och skymningen drar in över

Jesus botar en blind man | 255

landet, lärde Jesus oss att den sista tiden kommer att komma, då vi inte kan göra mer andligt verk för Gud. Här handlar de sista dagarna om Jesu andra tillkommelse. Jesus sade, "När jag är i världen är jag världens ljus." Han sade detta för att Han kom in i den här världen för att lysa upp mörkret (Lukas 2:32; Johannes 1:4). Precis som ljus jagar iväg mörkret insåg människorna som Jesus uppmärksammade, på egen hand att de var syndare och förändrades. Och Jesus spred evangeliet om himlen, eller sanningens Ord, och gjorde tecken och mirakler (Matteus 4:23-24). För de sjuka blev Han Ljuset som botade, för de lidande blev Han fridens Ljus, och för hela världen blev Han sanningens Ljus, som lyser upp vägen till himlen.

## Jesus gjorde en deg av spott och smorde mannens ögon

"När han hade sagt detta spottade han på marken, gjorde en deg av saliven, smorde den blindes ögon med degen och sade till honom: 'Gå och tvätta dig i dammen Siloam' – det betyder 'utsänd.' Då gick han dit och tvättade sig, och när han kom tillbaka kunde han se." (9:6-7)

Efter att ha undervisat sanningen för sina lärjungar började Han bota den blinde mannen. Han spottade på marken och gjorde en deg av saliven och smorde den blindes ögon med det. Nu finns det en del som misstar sig och tror att Jesus använde ett världsligt sätt för att bota denne man. De tror att leran var något sorts helande material. Men Jesus kunde till och med väcka upp en död man till livet på sin befallning. Varför skulle Han behöva använda hjälpmedel för att bota? Lera har dessutom ingenting i sig som kan ge syn till någon! Den enda orsaken till att Jesus använde sitt spott var helt enkelt för att kunna göra leran.

Men när han botade den blinde mannen i Betsaida spottade Jesus direkt på mannens ögon (Markus 8:22-26). Detta har en andlig betydelse. Människor tror att spott är något smutsigt. När någon spottar på dem anser de att det är en stor förolämpning. Orsaken till att Jesus spottade på det viset var för att hjälpa mannen att förstå att hans svaghet kom från smutsiga synder och förbannelser.

Varför gjorde Jesus lera av spott för mannen som varit blind sedan födseln och smorde in hans ögon med det? Det var med anledning av hans tro. En del människor kan bli uppmuntrade enbart med ord för att få starkare tro, medan en del behöver ett något påtagligt för att få starkare tro.

Eftersom denne blinde man aldrig hade kunnat se något tecken som Jesus hade gjort var det svårt för honom att tro. Jesus visste det och ville uppmuntra honom på ett sätt som skulle hjälpa honom att få mer fast tro och hjälpa honom att lyda. Trots att han inte kunde se skulle han tänka, om han kände något på sina ögon, "Oh, kanske detta kan hjälpa mig att se" och ge honom större tro.

För den blinde mannen Bartimeus i Jeriko var det lite annorlunda (Markus 10:46-52). Han blev botad genom Jesu

Ord. Det var för att hans hjärta och hans tro inte var som någon annans. Även om människorna runt omkring honom talade strängt till honom att vara tyst, ropade han ivrigt och ännu högre, *"Jesus, Davids son, förbarma dig över mig!"* (v. 47). Han kastade av sig manteln som var allt han ägde, och satte sin tro i handling och kom fram till Jesus. Det ledde till att hans ögon öppnades direkt, trots att Jesus inte lade någon deg på hans ögon, när Jesus sade orden, *"Gå, din tro har frälst dig"* (v. 52). Jämfört med Bartimeus hade denna blinda man en liten tro. Det var för att plantera starkare tro i honom som Jesus lade degen på hans ögon, och sade sedan, "Gå och tvätta dig i dammen Siloam." När mannen lydde och gick till dammen Siloam och tvättade sig, skedde något förundransvärt! Han kunde se tydligt med sina ögon, han kunde se ljuset och den underbara världen runt omkring honom! Det var ett väldigt fängslande ögonblick för honom, och det kändes som om han föddes på nytt. Han hade levt ett liv i mörkret, utan hopp. Men när han mötte Jesus förvandlades hela hans liv!

Om han hade dröjt med att gå till dammen Siloam eller tänkt att det var besvärligt och i stället hade tvättat sig någon annanstans, skulle han förmodligen inte blivit botad. Det är så viktigt att man lyder och sätter sin lydnad i handling (Jakobs brev 2:22). Om vatten andligt symboliserar Guds Ord, så symboliserar "handlingen att gå och tvätta sig" tron. Eftersom han fattade tro och tvättade sig med Ordet, öppnade Hans ögon och han kunde se.

: : Dammen Siloam där vatten samlades från Gihonkällan

**Den blinde mannens bekännelse**

"Hans grannar och de som tidigare hade sett honom tigga sade: 'Är inte det han som satt och tiggde?' Några sade: 'Det är han!', andra: 'Nej, men han är lik honom.' Själv sade han: 'Det är jag.' De frågade: 'Hur öppnades dina ögon?' Han svarade: 'Mannen som kallas Jesus gjorde en deg och smorde mina ögon och sade till mig: Gå till Siloam och tvätta dig där. Jag gick dit, och när jag hade tvättat mig kunde jag se.' De frågade: 'Var är den mannen?' Han svarade: 'Det vet jag inte.'" (9:8-12)

När den blinde mannen blivit botad efter att ha mött Jesus började människorna runt omkring honom förundra sig. Hur fantastiskt det var att en man som hade levt hela sitt liv i mörker, tiggande för att kunna överleva, återfick sin syn och hopp om livet! Men de som var runt omkring honom reagerade olika.

De som sade, "Nej, det var inte han som var blind" var trångsynta. I deras värld fanns det ingen möjlighet att en blind man skulle kunna få sin syn. Sedan fanns det de som sade, "Det är han" och de var godhjärtade som erkände att han hade blivit botad. Vi kan se hur mycket godhet en person har i sitt hjärta genom de få ord han säger. Personen som varit blind blev konfunderad av alla reaktioner han mötte från människorna. Och till de som inte trodde sade han, "Det är jag" och han var stolt över det.

Än i dag finns det människor som visar osäkerhet när Guds kraft blir synlig och försöker fastställa om det verkligen är sant. Med tvivelaktiga ögon försöker de ta reda på om något är falskt. En efter en började undra, "Hur öppnades dina ögon?"

De kunde helt enkelt inte ta reda på vilken metod som hade använts för att bota honom. De försökte hitta något fel med situationen eftersom de i sina sinnen tänkte "Det går inte att en blind man kan börja se!" Så det gjorde att mannen som hade blivit botad kände det som att han hade gjort något fel, och han började känna sig generad. Vanligtvis när någon hamnar i en sådan situation börjar de ljuga och säga det ena eller det andra för att undvika konfrontation eller en negativ erfarenhet av något slag. Men denna man hade ett sant hjärta, så han förklarade ärligt exakt hur han hade blivit helad. Han sade, "Mannen som kallas Jesus gjorde en deg och smorde mina ögon och sade till mig: Gå till Siloam och tvätta dig där. Jag gick dit, och när jag hade tvättat mig kunde jag se." Men människornas reaktioner var inte odelat positiva. I stället för att glädja sig med honom, frågade de var Jesus var. Och den dagen som Jesus hade botat den blinde mannen på råkade vara sabbaten (Johannes 9:14). Judarna ansåg att öppnandet av en blind mans ögon var ett arbete, och de tyckte att Jesus bröt mot sabbaten. Bara då insåg mannen vad som höll på att hända och tänkte att Jesus kanske skulle hamna i problem på grund av honom, och snabbt sa han till folket att han inte visste var Han var.

# Den blinde mannen som blivit botad och fariséerna

Fariséerna satte stort värde på Mose lag; till den grad att de kunde recitera vartenda ord. Men de förblev enbart i lagens formalitet, och eftersom Jesus botade den sjuke på sabbaten behandlade de Honom som en syndare. Och ja, i enlighet med deras standard bröt Jesus mot sabbaten, men Jesus gjorde bara goda gärningar, sådana som gav liv till själarna. Och det var för att Jesus i själva verket förstod djupet i Guds hjärta som gav oss lagen.

## Fariséernas dispyt

"Då förde de mannen som hade varit blind till fariseerna. Men det var sabbat den dagen då Jesus hade gjort degen och öppnat hans ögon. Därför frågade även fariseerna honom hur han hade fått sin syn. Han svarade: 'Han lade en deg på mina ögon och jag tvättade mig, och nu ser jag.' Några fariseer sade: 'Den mannen kan inte vara från Gud, han håller ju inte sabbaten!' Andra sade: 'Hur kan en syndig människa göra sådana tecken?' De var alltså splittrade." (9:13-16)

De som kände ovilja mot Jesus tog den botade mannen till fariséerna. De hade bevis på att Jesus bröt sabbaten men själva kunde de inte förhöra Honom eller anklaga Honom för brottet. De behövde någon med högre auktoritet och makt. När fariséerna frågade mannen igen hur han fick sin syn, förklarade han hela processen på nytt hur han blivit helad. När människor blir ifrågasatta på det här sättet en andra gång blir de osäkra och antingen ändrar de sin historia eller ger mindre detaljer andra gången. Men denne man böjde inte på sanningen. Så till slut blev det en splittring bland fariséerna där en del sade "Den mannen kan inte vara från Gud, han håller ju inte sabbaten!"

Orsaken till att de fördömde Jesus var för att Han bröt sabbatens formalitet och procedurer som det står om i lagen. När fariseerna talar om lagen, talar de om de fem Moseböckerna och de äldstes stadgar som muntligen hade förts vidare från generation till generation. Det är varför Jesus skällde ut dem som "hycklare" och "vitkalkade gravar" (Matteus 23:37). Men å andra sidan fanns det de som motsatte sig alla andras argument.

"Hur kan en syndig människa göra sådana tecken?" frågade de. Bland fariséerna fanns det några män med godhet i sina hjärtan och som argumenterade och ifrågasatte hur en syndare kunde göra sådana tecken. Ja, efter deras standard bröt Jesus mot sabbaten, men de var tvungna att erkänna att Han gjorde något som mänskligt sett var omöjligt att göra.

## Judarna frågar ut föräldrarna till mannen som blev botad

"och frågade därför den blinde igen: 'Vad säger du om honom som öppnade dina ögon?' Han svarade: 'Han är en profet.' Men judarna trodde inte att han hade varit blind och sedan fått sin syn förrän de hade skickat efter hans föräldrar och frågat dem: 'Är det här er son som ni säger är född blind? Hur kommer det sig att han nu kan se?'" (9:17-19)

När disputen fortsatte för att människor resonerade och diskuterade om vad som var rätt och vad som var fel, slängde någon in en fråga till mannen som blev botad, "Vad säger du om honom som öppnade dina ögon?"

Alla såg på honom. Beroende på hans svar skulle fariséernas ilska antingen växa ännu mer, eller avta. Han svarade utan att tveka.

"Han är en profet."

Han trodde att om inte denne man var från Gud skulle Han inte ha kunnat bota hans ögon. Jesus kom inte in i den här världen som en profet, utan som Messias, eller Kristus, men eftersom han inte visste detta än ville han kalla Jesus det han kunde komma på som visade hans yttersta respekt och vördnad. Men på grund av detta svar blev fariséernas negativa känslor mot Jesus ännu starkare. När de hörde den botade mannens tydliga svar, kunde judarna inte acceptera det. Till slut kallade de på mannens föräldrar och började fråga ut dem med orden, "Är det här er som son ni säger är född blind? Hur kommer det sig att han nu kan se?" Hans föräldrar blev plötsligt kallade inför fariséerna och visste inte vad de skulle göra. De var rädda att något dåligt skulle hända med dem och de blev väldigt nervösa.

**"Han är gammal nog, fråga honom."**

**"Hans föräldrar svarade: 'Vi vet att han är vår son och att han föddes blind. Men hur han kan se nu, det vet vi inte. Vem som har öppnat hans ögon vet vi inte heller. Fråga honom, han är gammal nog att svara för sig själv.' Föräldrarna svarade så därför att de var rädda för judarna. Redan då hade judarna kommit överens om att den som bekände Jesus som Messias skulle uteslutas ur synagogan. Det var därför hans föräldrar svarade: 'Han är gammal nog, fråga honom.'" (9:20-23)**

Föräldrarna bekräftade att deras son föddes blind. Men, eftersom de var rädda för judarna kunde de inte sanningsenligt säga något mer, och de undvek att svara på frågan genom att lämna över ansvaret till deras son. "Men hur han kan se nu, det vet vi inte. Vem som har öppnat hans ögon vet vi inte heller.

Fråga honom, han är gammal nog att svara för sig själv." Det fanns en orsak till att föräldrarna undvek att svara på frågan. Judarna hade beslutat att den som bekände Jesus som Messias skulle uteslutas ur synagogan. När någon "utesluts ur synagogan" innebär det att alla band kapas som personen har med synagogorna och de utesluter honom eller henne för begångna fel.

Beroende på hur allvarligt fel man har begått finns det tre typer av straff.

Det första är när personen blir allvarligt tillrättavisad av någon med andlig auktoritet och sedan berövas alla sina religiösa rättigheter i 7-30 dagar.

Den andra är när personen blir utesluten från alla sociala träffar under minst 30 dagar. Om detta straff visar sig vara ineffektivt används den tredje typen.

Den tredje typen är när personen på obestämd tid berövas alla religiösa privilegium. När någon får detta straff kommer personen vara isolerad och föraktad av människor resten av hans liv; och hans hem, arbete och till och med hans liv kan hotas.

Så att "bli utesluten ur synagogan" betyder att man förlorar allt. Därför greps föräldrarna till mannen som blivit botad av fruktan över risken att få detta straff. När de pressades av judarnas skräckinjagande ord lämnade de över uppgiften att svara på frågan till deras son.

Som förälder till en son som föddes blind, hur tror du de kände det? De hade förmodligen tillbringat många dagar ledsna och oroliga över deras son. Och nu hade han fått sin syn och de borde vara tacksamma till Jesus resten av deras liv! Men så snart de insåg att deras liv kunde vara i fara, undvek de sanningen på ett fegt sätt. Om deras son hade varit i en situation där han kunde bli skadad skulle de ha lämnat över ansvaret till honom. Det är vad köttslig kärlek är: att söka sitt eget bästa först.

"Vill ni också bli Hans lärjungar?"

"För andra gången kallade de till sig mannen som hade varit blind och sade till honom: 'Ge Gud äran! Vi vet att den mannen är en syndare.' Han svarade: 'Om han är en syndare vet jag inte. Men ett vet jag, att jag som var blind nu kan se.' De frågade honom: 'Vad gjorde han med dig? Hur öppnade han dina ögon?' Han svarade: 'Jag har redan berättat det för er, men ni lyssnade inte. Varför vill ni höra det igen? Vill ni också bli hans lärjungar?'" (9:24-27)

När föräldrarna till den botade mannen inte gav dem ett svar kallade fariséerna på nytt på mannen och sade till honom att ge äran till Gud. Eftersom de är människor som har tillbett Gud generation efter generation, ville de förstås ge Gud äran vid varje tillfälle. Varför sade då fariséerna till mannen att "ge Gud äran" på ett sådant hårt sätt? För dem handlade det egentligen inte om Gud. De var bekymrade över att om mannen fortsatte att prisa Jesus, som de hatade, skulle fler människor börja följa Honom.

Fariséerna sade till mannen att bara ge äran till Gud eftersom de ansåg att Jesus var en syndare. Men det här är emot all logik. Hur kunde en syndare öppna en blind mans ögon och därigenom ge äran till Gud? Oavsett hur man ser på det blir det fel. Från den botade mannens perspektiv sade dessa människor åt honom att mannen som hade botat honom och gett honom nytt liv och hopp var en syndare. Så tryckte stämning det blev! Så mannen försökte indirekt säga till dem att Jesus var en gudsman. "Om han är en syndare vet jag inte. Men ett vet jag, att jag som var blind nu kan se."

I stället för att försöka konfrontera människorna som kallade Jesus en syndare genom att säga, "Nej, det är Han inte" pekade mannen bara på sanningen, vilket var ett mycket tydligare och effektivt argument. Denne man böjde sig inte för förföljelse eller hot. Han hade ett sant hjärta och glömde inte bort den nåd han hade tagit emot. Det var därför Jesus kom till honom och botade honom, utan att han hade bett Jesus om att öppna hans ögon.

När fariséerna inte fick det svar de ville fortsatte de att hitta sätt att anklaga Jesus för att vara en syndare, i stället för att göra sig av med sina baktankar och motiv. Därför ifrågasatte de mannen, "Vad gjorde han med dig? Hur öppnade han dina ögon?"

Dessa frågor ställdes inte för att de ville höra sanningen. De kom från fariséernas onda avsikter. Eftersom de inte trodde på någon av de gärningar som Jesus gjorde ville de hitta någon orsak till att konfrontera Jesus. Men mannen som blivit botad från sin blindhet undvek det inte, han blev inte heller trött på att svara på dessa tvetydliga frågor, "Jag har redan berättat det för er, men ni lyssnade inte. Varför vill ni höra igen? Vill ni också bli hans lärjungar?"

Mannen undrade, "Jag berättade allt för dem. Det borde vara tillräckligt för dem att förstå. Jag undrar varför de frågar mig igen?" Han kunde inte förstå vad deras avsikter var, så han tänkte att kanske de också ville bli Jesu lärjungar. Eftersom han hade ett gott hjärta bemötte han deras ondska på ett positivt sätt.

### Fariséerna hånade den blinde mannen som blivit botad

"Då hånade de honom och sade: 'Det är du som är hans lärjunge! Vi är Moses lärjungar. Vi vet att Gud har talat till Mose, men varifrån den där mannen är vet vi inte.' Han svarade: 'Ja, det är det som är så märkligt. Ni vet inte varifrån han är, och ändå har han öppnat mina ögon!'" (9:28-30)

Den botade mannens vänliga ord rörde upp ännu mer ilska hos fariséerna. De höjde rösterna och sade, "Det är du som är Hans lärjunge! Vi är Mose lärjungar. Vi vet att Gud har talat till Mose, men varifrån den här mannen är vet vi inte."

På ytan undervisade fariséerna Mose lag, så de kunde säga

att de var Mose lärjungar. Men de lydde inte lagen i sina hjärtan. Om de var sanna lärjungar till Mose skulle de ha erkänt Jesus och gett ära till Gud. Genom att hävda att de hade en relation till Mose, som hade tagit emot lagen direkt från Gud, försökte de att hävda att deras ord var rättfärdiga. Det här är som när någon skryter över sina berömda förfäder men samtidigt inte talar sanning om sig själva.

Mannen som en gång varit blind var inte lärd och han ägde ingenting; men han visste att det fariséerna sade inte var särskilt logiskt. Vad som gjorde honom ännu mer förvånad var att dessa män hade kunskap som inte kunde jämföras med hans egen, och de var lärare för hela folket; och ändå kände de inte igen Jesus. Det var oförståeligt för honom och han sade, "Ja, det är det som är så märkligt. Ni vet inte varifrån han är, och ändå har han öppnat mina ögon!"

Trots att han inte hade så mycket kunskap och ingen hade undervisat honom, visste han vad som var sant för att han var en sanningsenlig god man. Även fast han inte var en laglärd eller expert på de äldstes stadgar, kunde han andligen känna vilken slags människa Jesus var, och han förstod vem Han var. Även fast han precis hade fått uppleva Gud och inte visste något om Hans gärningar, växte han snabbt i andlig insikt vilket berodde på att hans hjärta var så rent.

Även i dag kan vi, precis som fariséerna, ha lagrat mycket kunskap om vår tro och andlighet, och vi kanske till och med ser heliga ut på utsidan, men det finns tillfällen då det vi har mycket kunskap om kan bli våra ramverk och sådant som begränsar oss. Även inom kristna sammanhang blir doktriner och samfund ramverk där människor diskuterar, "Det här är rätt och det här är fel" och splittringar uppstår, och det finns tillfällen då människor fördömer varandra. Bibeln säger till exempel, "Ropa ut i bön." Men om människor från en speciell församling ropar högt och ljudligt när de ber säger människor, "Det där är en konstig församling." Och när helanden sker i en församling säger en del, "Den där församlingen håller på med mysticism." Vad dessa människor gör att är att döma Guds verk utifrån på regler och förordningar skapade av människor.

### Det ståndaktiga hjärtat hos den blinde mannen som blev helad

"'Vi vet att Gud inte lyssnar till syndare, men den som tillber Gud och gör hans vilja lyssnar han till. Aldrig någonsin har man hört att någon öppnat ögonen på en som är född blind. Om han inte var från Gud skulle han inte kunna göra någonting.' De svarade: 'Du är helt och hållet född i synd, och du undervisar oss!' Och de körde ut honom." (9:31-34)

Försök att se händelsen framför dig, hur den blinde mannen som blivit botad är omgiven av män fyllda med ondska och som förhör honom. Mannen måste ha skakat av fruktan. Varje ord de slängde mot honom var som törnen och förmodligen var det mycket nära hot. Alla män som stod framför honom kom från familjer med hög status, respekterade i samhället; ryktbara män med klass. Han å andra sidan var blott en tiggare som tiggde på gatorna för att överleva. Men han blev inte skrämd av deras påtryckningar och respektingivande närvaro. Han sade hela tiden sanningen. Vilket ståndaktigt hjärta han hade! Mannen bekände också att det var första gången någonsin som en mans ögon har öppnats som är född blind. Det faktum att Jesus öppnade ögonen på en blind man har en stor andlig betydelse. Det innebär att Jesus inte bara har kraften att göra ett tecken, Han har också makten att öppna andliga ögon.

Andligt talat är hela mänskligheten blind. Men genom att tro på Jesus Kristus blir våra andliga ögon öppnade och vi kan börja se den andliga världen och himlen. Det faktum att ögonen på en som hade fötts blind fick sina ögon öppnade, är en skuggbild på detta.

Precis som den botade mannen sade, hur kan en man som inte kommer från Gud öppna ögonen på en blind man? Bara en Gud som har större kraft än en människa kan göra något sådant. Oavsett hur mycket vetenskapen och teknologin än utvecklas kommer det ändå finns något som människan inte kan göra. Det här är något som enbart kan ske genom Guds kraft. Det är därför den botade mannen vittnade att Jesus kom från Gud. Men fariséerna lyssnade ändå inte på honom.

# Att vara andligt blind

Ryktet att den blinde mannens ögon hade öppnats, och att han hade blivit utesluten av fariséerna spreds kvickt. För att kunna ge mannen större välsignelser än den han redan hade tagit emot när han blev botad, mötte Jesus mannen en gång till. Orsaken till att Jesus kom fram till mannen först och sedan träffade honom igen – inte bara en gång – är påtagligt i mannens handlingar så här långt.

"Tror du på Människosonen?"

"Jesus fick höra att de hade kört ut honom. När han fann honom, sade han: 'Tror du på Människosonen?' Han svarade: 'Vem är han, Herre? Säg det så att jag kan tro på honom.' Jesus sade: 'Du har sett honom. Det är han som talar med dig.' Då sade mannen: 'Jag tror, Herre.' Och han tillbad honom." (9:35-38)

Jesus mötte den blinde mannen som hade blivit botad och frågade, "Tror du på Människosonen?" Vad Han menade med det är, "Tror du på Guds Son, Messias, som förlät dig dina synder och frälste dig?" Mannen visste inte att den som hade öppnat hans ögon var den Messias hans folk hade väntat på så länge. Han trodde bara att Han var någon som kom från Gud. "Vem är han, Herre? Säg det så att jag kan tro på honom."
Han svarade att han ville tro på Guds Son som förlät honom hans synder och som kommer leda honom till frälsning. Han bekände trots att han inte ännu visste, han ville tro. Jesus som kände mannens hjärta uppenbarade att Han var den Messias som hade öppnat hans ögon när Han sade, "Du har sett honom. Det är han som talar med dig." Mannen som hade varit blind svarade, "Jag tror, Herre."
Jesus sade inte mycket, men mannen förstod. Han böjde sig ner och tillbad Jesus och bekände sin tro. Tillbedjan är en handling som visar den yttersta respekten och tacksamheten. Mannen trodde att Jesus var Messias, inte bara med sina läppar, utan med sitt hjärta.

### Fariséerna som var andligt blinda

"Jesus sade: 'Till en dom har jag kommit till denna värld, för att de som inte ser ska se och för att de som ser ska bli blinda.' Några fariseer som var med honom hörde det och sade: 'Men vi är väl inte blinda?' Jesus sade: 'Om ni vore blinda skulle ni inte ha någon synd. Men nu säger ni att ni ser. Er synd står kvar."' (9:39-41)

Jesus sade till Nikodemus som kom till Honom om natten, *"Gud har inte sänt sin Son till världen för att döma världen, utan för att världen ska bli frälst genom honom"* (Johannes 3:17). Men i det här skriftstället sade Jesus, "Till en dom har jag kommit till denna värld. Det kan verka som om Jesus motsäger sig själv, men det gör Han inte. Han talar om för dem exakt var "dom" betyder, för Gud. Jesu högsta mål för att komma till den här världen var för att frälsa oss, inte att döma oss och sända oss till helvetet. Men, de som inte tror kommer till slut att få ta emot domen, eftersom syndens lön är döden (Romarbrevet 6:23).

Vad menade Jesus när Han sade, "Till en dom har jag kommit till denna värld, för att de som inte ser ska se och för att de som ser ska bli blinda." När vi jämför den blinde mannen med fariséerna kan vi förstå vad det här betyder. Även om någon är fysiskt blind kommer han, om hans hjärta söker Gud och han är en god person, känna igen Messias och ta emot frälsning och evigt liv. Men om någon likt fariséer har två ögon som har god fysisk syn, kan ha blinda andliga ögon på grund av den ondska som finns i hans hjärta, och då kan han inte ta emot frälsning. Fariséerna som var med Jesus frågade Honom, "Men vi är väl inte blinda?"

De konfronterade Jesus eftersom Han hade sagt, "De som ser ska bli blinda." De ställde inte frågan för att de inte riktigt visste. Eftersom de kunde se, ville de poängtera att de inte var blinda. Fariséerna förstod helt enkelt inte Jesu Ord. När Jesus såg deras reaktion blev Han förtvivlad. "Om ni vore blinda skulle ni inte ha någon synd. Men nu säger ni att ni ser. Er synd står kvar."

Om någon är blind kan vi anta att han inte vet eftersom han inte kan se. Men fariséerna var inte blinda. De spenderade så mycket tid med att studera och undervisa lagen, och ändå förstod de inte. Det är därför Jesus sade, "Er synd står kvar."

# Kapitel 10

# "Jag är den gode herden"

1. Liknelsen om den gode herden
(10:1-21)

2. "Jag och Fadern är ett"
(10:22-42)

# Liknelsen om den gode herden

Bergslandet Israel har många branta sluttningar och klippor, så man måste vara extra försiktigt när man vallar får i den regionen. De närliggande slätterna har inte särskilt mycket gräs så herdarna måste gå långa sträckor för att finna mat till sina får. En god herde kommer göra allt han kan för att leda sina får till gröna ängar och stilla vatten. Jesus lärde ofta ut andliga sanningar med hjälp av illustrationer så att människor lättare skulle kunna relatera till det, och fåren och herden var bland de mest använda illustrationerna i Jesu undervisning.

## Fåren och herden

"Jag säger er sanningen: Den som inte går in i

fårfållan genom porten utan tar sig in från annat håll, han är en tjuv och en rövare. Men den som går in genom porten är fårens herde." (10:1-2)

Under dagen rör sig herden runt för att leta efter gröna ängar till sina får. När dagen når sitt slut samlar han in fåren i en trygg fålla. En grotta eller en stenmur kunde användas som fålla. Om herden använder en grotta som fålla sätter han upp en liten dörr en liten bit framför öppningen till grottan och lägger upp stenar på båda sidorna om dörren för att täcka över ingången till grottan. Ingången är väldigt smal och han planterar törnen över det för att hålla vargar och tjuvar ute. Herden som tar hand om fåren kommer givetvis gå in och ut genom fållans dörr. Om någon går in i fållan genom att klättra över muren kommer han förmodligen att försöka stjäla fåren.

Varför skulle Jesus berätta något så uppenbart? Det beror på att fåren, herden, fållan, dörren, tjuven och rövaren symboliserar något som är andligt väldigt viktigt. För det första symboliserar "får" Guds barn. Det är en ny troende som just har accepterat Jesus, eller en troende som varit troende i många år, en troende med stor tro, en troende med liten tro – alla som har tagit emot frälsning kallas för "får." "Fårfållan" symboliserar en plats där fåren samlas in för att få vila; med andra ord är "fårfållan" kyrkan där Guds barn kan samlas för att ta emot den sanna sabbaten och frid.

I 1 Korintierbrevet 1:2 står det, *"Till Guds församling i Korint, de kallade och heliga som helgats i Kristus Jesus, tillsammans med alla som åkallar vår Herre Jesu Kristi namn på varje plats där de eller vi bor."* En kyrka är både en sorts byggnad och samtidigt alla troende. Så fårfållan kan också handla om att samla Guds barn. Precis som Jesus sade i Johannes 10:7, *"Jag är porten till fåren"* symboliserar dörren Jesus Kristus.

Vad symboliserar då "fårens herde"? Hebreerbrevet 13:20 säger, *"Fridens Gud har i kraft av ett evigt förbunds blod fört fårens store herde, vår Herre Jesus, upp från de döda"* och 1 Petrusbrevet 5:4 säger, *"När den högste herden sedan uppenbarar sig, ska ni få härlighetens segerkrans som aldrig vissnar."* Vi kan alltså se att Jesus Kristus är både den "Store Herden" och den "Högste Herden."

Om det fanns tio tusen får och vi delar upp dem i tio grupper och utser en herde per grupp, sedan en högsta herde som överser de tio herdarna. Andligt sett är Herren Jesus den Högste Herden. Och Guds tjänare är utsedda av Gud för alla Hans församlingar, och alla tjänare som tar hand om själarna i församlingen kan kallas för "herdar."

Till sist, vilka är då "tjuven och rövarna"? Den som leder de troende vilse genom att kalla sig själv Gud, eller den uppståndne Kristus; antikrist, den som förnekar att Jesus Kristus kom in i den här världen i köttet; och alla slags villolärare och kulter som förnekar den Herre som har återlöst oss genom att betala straffet för våra synder är "tjuv" och "rövare" (2 Petrusbrevet 2:1).

### Fåren som hör herdens röst

*"'För honom öppnar portvakten, och fåren lyssnar*

till hans röst. Han kallar på sina får och nämner dem vid namn och för ut dem. När han har fört ut alla sina får går han före dem, och fåren följer honom eftersom de känner hans röst. Men en främling följer de inte utan flyr från honom, för de känner inte främlingars röst.' Denna liknelse berättade Jesus för dem, men de förstod inte vad han ville säga dem." (10:3-6)

När morgonen kommer står herden utanför dörren och kallar ut fåren vid namn för att ta dem till en plats där det finns vatten och grönbete. Fåren som har vilat i frid under herdens beskydd, hör hans röst och kommer ut ur fållan. Vad skulle hända om någon annan sätter på sig herdens kläder och försöker härma herdens röst? Man säger att fåren märker skillnaden och försöker fly. Genom att använda fårens specifika egenskaper som illustration, gav Jesus en andlig undervisning.

"Portvakten" som öppnar dörren för herden är den Helige Ande. Till den som accepterar Jesus Kristus ger Gud den Helige Ande som en gåva. Den Helige Ande som bor inom oss, hjälper oss att kommunicera med Gud och leva i enlighet med Guds Ord. Så när Skriften säger "för honom öppnar portvakten" handlar det om en av de roller som den Helige Ande har. Och "dörren" i den här versen är inte samma dörr som nämndes i de tidigare verserna. "Dörren" här symboliserar dörren till våra tankar och hjärtan, som Guds barn.

På samma sätt som får på ett korrekt sätt kan skilja ut deras herdes röst från andra röster, kan en troende som har tagit emot den Helige Ande också utskilja Herrens röst. När en person är i sanningen kan han tydligt känna igen om andra tjänare till Herren är ett med den Högste Herden eller inte. När judarna inte kunde förstå den andliga betydelsen med dessa illustrationer förklarade Jesus igen, och använde konceptet på sig själv.

"Jag är porten till fåren"

"Då sade Jesus än en gång: 'Jag säger er sanningen: Jag är porten till fåren. Alla som har kommit före mig är tjuvar och rövare, men fåren har inte lyssnat till dem.'" (10:7-8)

För att kunna förstå varför Jesus sade att Han är "porten till fåren" behöver vi gå tillbaka till tiden för uttåget, som skedde 400 år efter att israeliternas stamfader Jakob och hela hans familj flyttat och slagit sig ner i Egypten för att undvika hungersnöden.

När Jakobs familj som från början bestod av omkring 70 personer, växte så mycket i antal att de kunde kallas en "nation", blev de ett hot mot den egyptiske Farao. Det var därför han förslavade dem och började förfölja dem. Hårt arbete var nog jobbigt att stå ut med, men när Faraos misshandel blev värre och värre, ropade Israels folk till Gud om räddning.

Därför valde Gud Mose för att tala om för Farao att han skulle låta israeliterna gå, men Farao ville inte låta dem gå så enkelt. När Farao ändrade sig och gick emot Guds vilja drabbades Egyptens land av alla slags plågor. Det började med blodsplågan, sedan paddorna, myggen, flugorna, boskapen, bölderna, haglet, gräshopporna och till och med plågan med mörkret. Hela landet blev utarmat. Och hela tiden medan egyptierna fick uppleva dessa plågor var israeliterna beskyddade av Gud.

Just innan den sista plågan – plågan då den förstfödda i varje egyptisk familj och det förstfödda av varje djur dog – talade Gud om för Israels folk hur de skulle räddas undan denna plåga. Han sade till dem att slakta ett årsgammalt lamm i skymningen och stryka blodet på dörrposterna och dörrkarmarna på sina hus, steka köttet över eld och äta det inne i huset. Sidorna bredvid dörrkarmarna är pelare som stöttar dörren och dörrposten är stöd gjort av trä eller sten och som ligger horisontellt över dörren för att hålla uppe väggen. I det becksvarta mörkret gick dödens skugga inte in i de israeliters hus som hade lytt Gud och strukit blodet från lammet på dörrkarmarna på huset.

Här symboliserar det unga lammets blod Jesu Kristi blod. Precis som dödens skugga inte gick in i husen som hade blod på dörrposterna kan den som tror på att Jesus dog på korset och utgöt sitt blod och att vi genom Hans blod är förlåtna våra synder, undkomma döden och gå till evigt liv. Även om israeliterna inte kände till denna andliga innebörd bakom vad de gjorde, blev de frälsta från den sista plågan.

Men i hushåll där lammets blod inte fanns på karmarna och dörrposten dog de förstfödda sönerna. Och en del som hade strukit blodet på dörrposterna kunde ändå inte undkomma dödens skugga eftersom de inte stannade inne i huset som Gud hade instruerat dem. Det symboliserar de som accepterade Herren men som förlorade sin frälsning eftersom de än en gång lämnade frälsningens ramverk och gränser. Liksom israeliterna bara blev räddade för att de strök lammets blod på dörrkarmarna och posterna och stannade inne i huset, kan vi bara bli frälsta när vi stannar i Jesus Kristus, som frälste oss genom att utgjuta sitt blod för våra synder. Det är därför Jesus sade "Jag är porten till fåren."

Jesus sade också, "Alla som har kommit före mig är tjuvar och rövare." Vad kan Jesus ha menat? Orden "kommit före" i versen handlar inte bara om en viss tid innan. Den tid som Jesus kom in i den här världen för att frälsa mänskligheten från deras synder hade redan blivit utsedd genom Guds försyn. Han kom för omkring 2 000 år sedan, i den tid som var allra lämpligast för att utföra Guds vilja. På den tiden var det romerska imperiet så blomstrande att folk även nu för tiden använder frasen "Alla vägar bär till Rom." Det romerska imperiets välstånd och den grekiska civilisationens utveckling var en mycket stark mekanism för att sprida evangeliet om Jesus Kristus till hela världen.

Om någon hade framträtt och sagt "Jag är Kristus" utan att det var den rätta tiden, då hade det varit en lögn. Det samma gäller för Herrens andra tillkommelse. Guds utvalda tid har inget utrymme för det minsta fel. Om någon kommer i en tid som inte är den rätta och säger, "Jag är Kristus" och någon annan säger, "Det här är vägen till frälsning", då är dessa människor tjuvar och rövare.

## "Den som går in genom mig"

"Jag är porten. Den som går in genom mig ska bli frälst, och han ska gå in och gå ut och finna bete. Tjuven kommer bara för att stjäla, slakta och döda. Jag har kommit för att de ska ha liv, och liv i överflöd." (10:9-10)

Den som tror på, och följer Jesus Kristus – porten till fåren – kommer inte bara ta emot frälsning, utan närhelst han går ut och kommer in, kommer han också finna bete. Men klausulen "Den som går in genom mig" är en absolut förutsättning. Bara när en person lever i enlighet med Herrens Ord, som är sanningen själv, kan personen ta emot frälsning och välsignelser. När vi lyssnar på Guds Ord och lever i enlighet med det, lovar Gud oss att upphöja oss "högt över alla folk på jorden" och vi kommer vara välsignade "när vi går in och välsignade när vi går ut" (5 Mosebok 28:1-14).

Vilka är å andra sidan de som jämförs med "tjuven"? De låtsas vara Kristus och säger till andra att följa dem för att få frälsning. Men i slutet av den vägen väntar döden. Så tjuven kommer för att stjäla och döda, men Jesus kom för att ge oss liv, och liv i överflöd. Precis som det står skrivet i 3 Johannes brev 1:2, kommer vi ha god hälsa och allt kommer gå väl med oss när det står väl till med vår själ. Jesus kom så att vi skulle kunna ha ett sådant liv. När Skriften säger "vår själ mår bra" betyder det att våra hjärtan är fyllda med sanningen. Och när våra hjärtan är fyllda med sanning kommer det synas tydligt i våra handlingar. Vi kommer kunna lyda Guds Ord helt och hållet, vi kommer alltid vara glada, be hela tiden och vara tacksamma i alla omständigheter. När vi gör detta kommer fienden djävulen och Satan att fly från oss, och alla prövningar, lidanden och sjukdomar kommer att fly tillsammans med dem, så att vi kan ta emot välsignelsen av god hälsa.

### Den gode Herden den som är lejd

"Jag är den gode herden. Den gode herden ger sitt liv för fåren. Den som är lejd och inte är herden som äger fåren, han överger fåren och flyr när han ser vargen komma, och vargen river dem och skingrar hjorden. Den som är lejd bryr sig inte om fåren." (10:11-13)

Kung David var herde i sina unga år. Det fanns tillfällen då lejon eller björnar kom och tog ett får eller två. Men när det hände jagade David iväg och dödade förövaren och räddade fåret. Jesus talade till judarna och använde det som en liknelse. Den gode herden kommer att kämpa mot förövaren, även om han så riskerar sitt eget liv, för att rädda fårets liv. Men om en lejd persons liv är i fara kommer han att överge fåret och fly för sitt liv. Genom att se den frukt de bär kan vi särskilja vem som är en god herde och vem som är lejd (Matteus 7:17).

Eftersom Jesus inte bevarade sitt eget liv när Han blev ett försoningsoffer för människans synder, kunde Han frälsa mänskligheten från att gå på vägen mot döden. Jesus tog lidandet på korset för att leda oss till vägen till frälsning. Han är den ende "gode" herden och den ende sanne herden. Till skillnad från Herren som tjänade oss med hela sitt liv, vill en lejd person bli tjänad av andra. Den som är lejd gör vad han kan för att visa upp sig själv och göra sig själv känd. Om något inte passar honom kommer han tillåta negativa känslor komma och dra in fiendskap. Om han befinner sig i en situation som inte är till någon fördel för honom, eller om han möter en del svårigheter, flyr han; och letar efter en väg att rädda sig själv.

"Jag ger mitt liv för fåren"

"Jag är den gode herden. Jag känner mina får, och mina får känner mig, liksom Fadern känner mig och jag känner Fadern. Och jag ger mitt liv för fåren." (10:14-15)

Den gode herden känner sina får och vet när de är hungriga och när han måste ge dem mat. Han ger dem mat, hjälper dem att somna i tid, och beskyddar dem från fara, så att fåren kan växa sig starka och friska. En noggrann herde vet exakt hur det står till med varje får och han ger en effektiv lösning på alla slags problem som kan uppstå för fåren. Jesus använde detta som en illustration när Han sade, "Jag känner mina får, och mina får känner mig."

Vad betyder det att känna någon, efter vad Skriften säger? Det betyder att man känner själarna som Gud har anförtrott oss med; inte bara deras namn, familjebakgrund, familjesituation och arbete, vilket har med deras fysiska tillstånd att göra, utan också deras andliga tillstånd. Vi behöver veta om själarna som anförtrotts oss får tillräckligt med andlig näring, och se till att de inte är undernärda, och vi måste kontrollera för att se om de har någon sjukdom. Och det är inte tillräckligt att bara känna till problemet. Om någon inte har tro måste vi hjälpa honom att få tro. Om någon har synd måste vi hjälpa honom att inse vad hans synder är och hjälpa honom att leva i rättfärdighet. Om någon inte vet hur man ska be behöver vi hjälpa honom att be. Det är den gode herdens ansvar.

I aposteln Paulus ord kan vi se den riktigt goda herdens hjärta, *"allt under möda och slit, ofta under vaknätter, under hunger och törst, ofta fastande, frusen och naken. Utöver allt annat har jag det dagliga ansvaret, omsorgen om alla församlingarna. Vem är svag utan att jag blir svag? Vem faller utan att det bränner i mig?"* (2 Korintierbrevet 11:27-29).

När en herde har ett sådant hjärta och på allvar tar hand om sina får, ger dem korrekta anvisningar och undervisning kommer fåren automatiskt att älska och lita på deras herde. Eftersom de älskar sin herde kommer de att lyssna på hans röst och följa honom. Som den gode herden kom Jesus för att kalla syndarna och leda dem till omvändelse, därför hjälper Han syndarna att inse deras synder, göra sig av med de synderna, och leva i rättfärdigheten. Han lär ut sanningen efter varje persons mått av tro och ger honom styrka och hopp att kunna leva efter Ordet.

"Jag ger det av fri vilja"

"Jag har också andra får som inte hör till den här fållan. Också dem måste jag leda, och de kommer att lyssna till min röst. Så ska det bli en hjord och en herde. Fadern älskar mig därför att jag ger mitt liv för att sedan ta det tillbaka. Ingen tar det ifrån mig, utan jag ger det av fri vilja. Jag har makt att ge det, och jag har makt att ta tillbaka det. Det budet har jag fått av min Far." (10:16-18)

Som det är skrivet i Lukas 5:32, *"Jag har inte kommit för att kalla rättfärdiga till omvändelse, utan syndare"* var Jesu uppdrag när Han kom till den här världen att frälsa många själar som inte var inom räckhåll för frälsningen. När Jesus säger, "Jag har också andra får som inte hör till den här fållan" talar Han om de människor som inte tror på Gud och som inte har accepterat Jesus Kristus. Jesus säger att de människorna måste ledas av Honom och bli en del av den heliga hjorden; med andra ord, troende.

Därför måste Guds barn som redan är frälsta sprida evangeliet. Som Jesus Kristus befallde i Apostlagärningarna 1:8, *"Men när den helige Ande kommer över er, ska ni få kraft och bli mina vittnen i Jerusalem, i hela Judeen och Samarien och ända till jordens yttersta gräns"* måste vi, oavsett om vi har tid eller inte, ta tid och göra allt vi kan för att arbeta för spridningen av evangeliet.

Jesus lade ner sitt liv för att frälsa oss och leda oss till himlen. Han lade inte ner sitt liv motvilligt bara för att det var Guds vilja. Precis som ett barn som älskar och förstår sina föräldrars hjärta och frivilligt lyder deras vilja, lydde Jesus med glädje. Jesus visste bättre än någon annan, vilken sorg som fanns i Guds hjärta över själarna som var på väg mot evig död. Det var därför Jesus valde vägen som ledde till att Han måste ge sitt eget liv. Trots att det i slutet av den vägen fanns en härlighet, var vägen dit inte lätt; det var ett långt lidande. Men Han valde frivilligt att ta på sig detta, och så glad Gud måste ha blivit av det! Så underbar Jesus måste ha varit för Gud! Och det är därför Han lät sin kraft vara över Jesus och visade Honom ännu större gärningar för att alla skulle se och förundras (Johannes 5:20). Tecknen, miraklerna, och de underbara kraftgärningarna som skedde genom Jesus är bevis på Guds kärlek till Jesus.

Gud gav oss också rätten att bli Hans barn. Det är som det är skrivet i Markus 16:17, *"Dessa tecken ska följa dem som tror"* att Gud lovar oss att Han, som Hans barn, så länge vi har ren tro, kommer vara med oss genom tecken, precis som Han var med Jesus.

## Judarnas dispyt

*"Efter de orden blev det på nytt splittring bland judarna. Många av dem sade: 'Han är besatt och galen. Varför lyssnar ni på honom?' Andra sade: 'Så talar inte en som är besatt. En ond ande kan väl inte öppna ögonen på blinda?'"* (10:19-21)

I stället för att glädja sig och vara tacksamma tillsammans med den blinde mannen som blivit botad började judarna diskutera med varandra och till slut tvingade de bort mannen. Efter att ha hört Jesu illustration om fåren och herden i ett försök att upplysa dem, uppstod en annan diskussion. Efter att människorna börjat anklaga Jesus för att vara demonbesatt började de bråka med varandra. En del sade, "Han är besatt och galen. Varför lyssnar ni på honom?" medan andra sade, "Så talar inte en som är besatt. En ond ande kan väl inte öppna ögonen på blinda?"

Deras upphettade oenighet och dispyt eskalerade sakta men säkert tills de till slut beslutade sig för att "döda" Jesus. Deras hjärtan var onda i grunden så de tvekade inte att fördöma andra och de avstod inte från att tala och göra det som var ont. De kallade sig själva för Guds folk, och de hade en position där de studerade och undervisade lagen. Men eftersom deras ögon var blinda för sanningen anklagade de Jesus för att vara galen och besatt även fast de såg alla Guds gärningar som skedde genom Jesus Kristus.

Men inte alla dömde och fördömde Jesus i ondska. Bland dem fanns det de som hade goda hjärtan och som frågade hur en demon skulle kunnat ha öppna ögonen på en blind man. Dessa människor trodde och accepterade Jesu gärningar som en manifestation av Guds kraft. Det fanns ingen möjlighet att en demon kunde ha haft makten att öppna en blind mans ögon.

I Bibeln ser vi att människor blev stumma och döva på grund av demonbesättelse. Demoner för med sig sjukdomar, nöd, frestelser, svårigheter och lidanden. Demoner har inget med goda gärningar att göra. De skulle inte kunna öppna ögonen på en blind man så att han kunde ge äran åt Gud (Markus 9:25; Lukas 6:18, 9:42). Att öppna den blinde mannens ögon var ett verk av Gud och Han gör sådana verk genom sina utvalda människor som Han har behag till (Psaltaren 146:8; Jesaja 42:1-7).

# "Jag och Fadern är ett"

Precis som vilken nation som helst har Israel särskilda högtider. Det judiska folkets tre stora högtider är: Påsken, Veckohögtiden och Lövhyddohögtiden. Förutom dessa högtider finns det andra högtider som Nymånehögtiden (Rosh Hashanah), Försoningsdagen (Yom Kippur), Purim och Tempelinvigningens högtid (Hanukkah). Av dessa högtider är Tempelinvigningens högtid, även känd som "Hanukkah", en högtid i åminnelse av det heliga templets återinvigning. Under 165 f Kr tog den judiska ledaren Maccabeus tillbaka Jerusalem från Syrien och återinvigde templet i Jerusalem, som hade blivit förstört då Jerusalem intogs. För att komma ihåg denna händelse firar judarna Hanukkah än i dag. Från den 25 september i den judiska kalendern (omkring december) firar judarna denna festival.

Det är ungefär vid samma tid som jul, då Jesu födelse firas. Judarna erkänner inte Jesus som Messias och firar Hanukkah i stället.

**"Om du är Messias, så säg det öppet till oss!"**

"Nu kom tempelinvigningens högtid i Jerusalem. Det var vinter, och Jesus gick omkring i Salomos pelarhall i templet. Då omringade judarna honom och frågade: 'Hur länge ska du hålla oss i ovisshet? Om du är Messias, så säg det öppet till oss!'" (10:22-24)

Det här var under tempelinvigningens högtid. Det var vinter och eftersom Jesus tog lidandet på korset i april efterföljande år var detta Hans sista vinter på jorden. Omkring tiden för tempelinvigningen var Jesus i templet i Salomos pelarhall. Salomos pelarhall låg längs de yttre murarna av templet och hade inga väggar som kunde hålla vinden ute. Om vi tänker oss en kyrka, där finns kyrkobyggnaden, gården runt kyrkan och sedan staketet. Om vi skulle jämföra templet med en kyrka skulle Salomos pelarhall vara staketet på utsidan av tempelbyggnaden. Området användes ofta av rabbinerna som undervisade sina lärjungar där.

Jesus och Hans lärjungar gick också dit för att berätta om evangeliet, undervisa, bota sjuka och visa Guds kraft för folket. En dag kom en grupp judar dit och omringade Jesus som om de hade planerat det, och började ställa Honom frågor som, "Hur länge ska du hålla oss i ovisshet?" och "Om du är Messias, så säg

det öppet till oss!"
Judarna förväntade sig att Jesus skulle bli skrämd av deras närvaro och säga att Han inte var Messias. De gjorde så för att de inte erkände Jesus som Guds Son, och menade att Han var en helt vanlig människa. Det var bara de som var Israels ledare med rykte och makt. Det var dem som hade omfattande kunskap om lagen. För dem såg Jesus bara ut som en fattig snickarson som gick runt med fiskare som lärjungar. Det är därför som de vägrade att tro, trots att Jesus visade dem tillräckligt med tecken och under som bevis att se och tro. Så hur skulle Jesus svara dessa människor som begärde att Han skulle säga det öppet till dem om Han var Kristus?

"Ni tror inte, för att ni inte hör till mina får"

"Jesus svarade: 'Jag har sagt det till er, men ni tror det inte. Gärningarna som jag gör i min Fars namn vittnar om mig. Men ni tror inte, för ni hör inte till mina får. Mina får lyssnar till min röst, och jag känner dem, och de följer mig.'" (10:25-27)

Gud använde många olika sätt för att visa att Jesus är Frälsaren. Han talade till folket genom Johannes Döparen, Jesus själv berättade det för dem, och genom alla kraftfulla gärningar som skedde i Guds namn vittnade Han också om Honom. Men judarna ville ändå aldrig erkänna Honom.

"Jag har sagt det till er, men ni tror det inte. Gärningarna som jag gör i min Fars namn vittnar om mig."

Judarna vägrade inte bara att tro; de dömde, fördömde och sammansvärjde om hur de kunde döda Jesus. Men, precis som ett får känner sin herdes röst och följer honom, ska Guds barn kunna tro allt som Gud gör genom Jesus Kristus.

## "Jag och Fadern är ett"

"**Jag ger dem evigt liv. De ska aldrig någonsin gå förlorade, och ingen ska rycka dem ur min hand. Min Far som gett mig dem är större än allt, och ingen kan rycka dem ur min Fars hand. Jag och Fadern är ett.**" (10:28-30)

Jesus sade, "Jag ger dem evigt liv" eftersom de som tror på Jesus som Frälsaren tar emot den Helige Ande; och deras ande, som en gång varit död, kommer tillbaka till livet. När den Helige Ande föder anden och vi börjar leva i Guds Ord mer och mer, då kommer vi förändras av sanningen lite i taget. Det är vägen till evigt liv. Eftersom det inte finns någon död i Jesus Kristus som har evigt liv, kan vi ha sant liv när vi tror på Honom. Därför kommer vi inte att gå förlorade och vi kan njuta av sann lycka för evigt i himlen.

Jesus sade också, "Ingen ska rycka dem ur min hand." Det här är ett avsnitt som visar hur mycket Jesus älskar oss. Vad Jesus menar i detta skriftställe är att eftersom Hans får har anförtrotts Honom av Gud, älskar Han sina får av hela sitt liv; och oavsett vilken fara som kan komma, kommer Han aldrig släppa taget om sina får. Därför kan ingen rycka fåren ur Jesu hand.

*"Vem kan skilja oss från Kristi kärlek? Nöd eller ångest, förföljelse eller svält, nakenhet, fara eller svärd?"* (Romarbrevet 8:35).

Gud är dessutom större än allt annat i skapelsen. "Allt annat i skapelse" betyder allt som existerar i universum. Universum är ofantligt stort. Vem kan då rycka oss ut ur Guds hand, som är större än hela det ofantliga universum. Efter att ha betonat att ingen kan rycka oss från Jesus så länge vi tror och följer Honom, säger Han oss varför det är så genom att säga, "Jag och Fadern är ett."

Orsaken till att Jesus och Gud är ett är för att Jesus är Ordet (Gud) som blev kött och kom till denna värld (Johannes 1:14). Och bara faktumet att Jesus blev till genom den Helige Ande låter oss få veta att Han är ett med Gud.

## Judarna försöker stena Jesus

"Än en gång tog judarna upp stenar för att stena honom. Jesus sade till dem: 'Jag har visat er många goda gärningar från Fadern. För vilken av dem tänker ni stena mig?' Judarna svarade: 'Det är inte för någon god gärning vi tänker stena dig, utan för att du hädar och gör dig själv till Gud fast du är en människa.'" (10:31-33)

Judarna blev rasande när Jesus sade att Han var ett med Gud. De var redo att stena Honom. De tyckte att Han förolämpade den Gud de tillbad. Om de hade insett att de goda gärningar som Jesus gjorde inte kunde göras med mänsklig kraft skulle de ha vetat att det var Gud som var med Honom. Men de var inte intresserade av de goda gärningarna; de vara bara fixerade vid orden "ett med Gud" och såg det som ett allvarligt problem. Jesus visste vad som fanns i deras hjärtan och ställde vist en fråga som avslöjade vad som fanns i deras hjärtan: "Jag har visat er många goda gärningar från Fadern. För vilken av dem tänker ni stena mig?"

När judarna tänkte på allt som Jesus hade gjort fram till den punkten kunde de inte finna någon orsak att stena Honom. Så när de inte kunde komma på ett adekvat svar argumenterade de att Han hädade genom att säga, "utan för att du hädar och gör dig själv till Gud fast du är människa." Det är "hädelse" att vara respektlös och oförskämd mot Gud. I Bibeln är det ett ord som beskriver något som anses vara skändning.

### "Hur kan ni anklaga mig att jag hädar?"

"Jesus svarade dem: 'Står det inte skrivet i er lag: Jag har sagt att ni är gudar? Om han nu kallar dem som fick Guds ord för gudar – och Skriften kan inte upphävas – hur kan ni då säga till mig som Fadern har helgat och sänt till världen att jag hädar, därför att jag sagt: Jag är Guds Son?'" (10:34-36)

Jesus använde lagen, som judarna betraktade med så mycket kraft och makt, för att upplysa judarna. Han använde skriftstället från Psaltaren 82:6, *"Jag har sagt att ni är gudar, att ni alla är den Högstes söner."*

Varför sade Jesus "Skriften kan inte upphävas"? Bibeln är Guds löftesord till oss. Gud är inte en människa; därför är det aldrig något fel i det Han säger, och Han ångrar sig aldrig. Han gör alltid vad Han säger att Han ska göra. Och eftersom Bibeln är ett uppriktigt löfte från Gud kan den inte upphävas. Matteus 5:18 säger, *"Jag säger er sanningen: Innan himmel och jord förgår ska inte en bokstav, inte en prick i lagen förgå, inte förrän allt har skett."*

Jesus sade det som är nedskrivet i lagen att människorna "som Guds Ord kom till" är gudar. Det finns många människor i Bibeln som tagit emot särskilda uppenbarelser från Gud. Gud talade antingen direkt till den utvalda personen eller talade genom drömmar. Jakobs elfte son Josef, uttydde Faraos dröm, som ingen annan kunde uttyda, och när Farao sade till sina tjänare, *"Finns det någon som har Guds ande som denne man?"* (1 Mosebok 41:38). Till Mose, ledaren för det stora uttåget, sade Gud, *"Se, jag har satt dig att vara som Gud för farao"* (2 Mosebok 7:1). Aposteln Paulus visade också många fantastiska verk av Gud, och många människor tänkte om honom som en gud (Apostlagärningarna 14:11, 28:6).

När Jesus sade, "Jag och Fadern är ett" tog de det som att Han "hävdade att han var Gud." Jesus kallade alltid Gud för "Fader." Han sade aldrig, "Jag är Gud." Men baserat på skriftstället från 3 Mosebok 24:16, *"Och den som smädar*

*Herrens namn skall straffas med döden. Hela menigheten skall stena honom"* tyckte de att de hade hittat en rättslig orsak att döda, i enlighet med lagen.

## "Tro då på gärningarna om ni inte kan tro på mig"

*"'Om jag inte gör min Fars gärningar, så tro mig inte. Men om jag gör dem, tro då på gärningarna om ni inte kan tro på mig. Då ska ni inse och förstå att Fadern är i mig och jag i Fadern.' De försökte gripa honom igen, men han drog sig undan deras grepp."* (10:37-39)

Jesus var förkrossad på grund av judarna. Även fast Han hade visat dem Guds fantastiska gärningar många gånger trodde de ändå inte på honom för att de var avundsjuka och svartsjuka i sina hjärtan. Om de verkligen inte kunde tro, trots att de borde ha trott, uppmanade Jesus dem att åtminstone tro på gärningarna som Han hade gjort, genom att säga, "Om jag inte gör min Fars gärningar, så tro mig inte. Men om jag gör dem, tro då på gärningarna om ni inte kan tro på mig. Då ska ni inse att Fadern är i mig och jag i Fadern."

De gärningar som Jesus gjorde kan inte göras med mänsklig kraft. Det är bara att erkänna att Han gjorde dessa ting med Guds kraft. Jesus ville att de skulle ha tro genom att åtminstone tro det. Detta skriftställe visar Jesu hjärta – ett hjärta som verkligen längtar efter att frälsa en själ till.

Men oavsett hur mycket Jesus försökte upplysa dem förstod de inte. Judarna blev argare och argare och försökte gripa Jesus.

Men, än en gångdrog Jesus sig undan deras grepp. Det var inte Hans tid att gripas; men än viktigare, Jesu Ord bar sådan värdighet och makt att ingen vågade gå fram och gripa Honom.

## Människorna på andra sidan Jordan som trodde

"Sedan gick han tillbaka till stället på andra sidan Jordan där Johannes hade varit den första tiden när han döpte. Där stannade han. Många kom till honom, och de sade: 'Även om inte Johannes gjorde något tecken, var allt han sade om Jesus sant.' Och många kom där till tro på honom." (10:40-42)

Jesus gick åter tillbaka till stället på andra sidan Jordan. Det var regionen Berea där Johannes Döparen döpte den första tiden. Jesus undervisade evangeliet om himlen till människorna som hade samlats där efter att ha hört talas om Honom, och Han gjorde många mirakulösa tecken, och botade de sjuka. När människorna i den regionen kom i kontakt med Jesu Ord och tjänst, sade de, "Även om inte Johannes gjorde något tecken, var allt han sade om Jesus sant."

Reaktionerna hos människorna i Berea skilde sig mycket från judarnas reaktioner i Jerusalem. Det goda och onda i människors hjärtan är väldigt tydliga här. Goda människor försöker tro på goda och vänliga ord som hör till sanningen. Särskilt när någon rättfärdigar sina ord med tecken och under som Jesus trodde de. Det beror på att mirakulösa tecken inte sker genom; det är bara möjligt i Gud (Psaltaren 62:11).

# Författaren:
# Dr. Jaerock Lee

Dr. Jaerock Lee föddes år 1943 i Muan, Jeonnamprovinsen, Republiken Korea. När Dr. Lee var i tjugoåren led han av flera obotliga sjukdomar under sju år och inväntade döden utan hopp om tillfrisknande. En dag, våren 1974, tog emellertid hans syster med honom till en kyrka och när han böjde knä för att be, botade den levande Guden honom omedelbart från alla sjukdomar.

Från den stund då Dr. Lee mötte den levande Guden genom denna underbara upplevelse, har han uppriktigt älskat Gud av hela sitt hjärta, och 1978 fick han kallelsen av Gud att bli Hans tjänare. Han bad och fastade uthålligt och ivrigt så att han skulle kunna förstå Guds vilja, att helt och hållet utföra den, och att lyda Guds Ord. År 1982 grundade han Manmin Central Church i Seoul, Korea, och mängder av verk från Gud som mirakulösa helanden, tecken och underverk har skett i hans församling sedan dess.

1986 blev Dr. Lee ordinerad som pastor i församlingen Annual Assembly of Jesus Sungkyul Church of Korea, och fyra år senare, 1990, började hans predikningar sändas i Australien, Ryssland och Filippinerna. På kort tid nåddes många länder genom tv- och radiostationerna Far East Broadcasting Company, Asia Broadcast Station och Washington Christian Radio System.

Tre år senare, 1993, valdes Manmin Central Church till en av de 50 främsta församlingarna i världen av den amerikanska tidskriften *Christian World Magazine* (USA) och han mottog ett hederdoktorat i teologi från universitetet Christian Faith College, Florida, USA, och 1996 mottog han sin Fil. Dr. i Ministry från det teologiska seminariet Kingsway Theological Seminary, Iowa, USA.

Sedan 1993 har Dr. Lee varit en spjutspets inom världsmissionen genom många internationella kampanjer i Tanzania, Argentina, Los Angeles, Baltimore City, Hawaii och New York City i USA, Uganda, Japan, Pakistan, Kenya, Filippinerna, Honduras, Indien, Ryssland, Tyskland, Peru, DR. Kongo, Israel och Estland. På grund av sin kraftfulla tjänst med internationella kampanjer blev han 2002 kallad "global väckelsepredikant" av stora kristna tidningar i Korea. Det gäller särskilt hans kampanj "New York Crusade 2006" som hölls i Madison Square Garden, den mest berömda arenan i världen. Händelsen sändes till 220 nationer, och under hans kampanj "Israel United Crusade 2009" som hölls i kongresscentret International Convention Center (ICC) i Jerusalem proklamerade han frimodigt Jesus Kristus som Messias och Frälsare. Hans predikningar sänds ut till 176 nationer via satelliter som GCN TV och 2009 och 2010 utsågs han till en av de tio mest inflytelserika kristna ledarna av den populära kristna tidningen *In Victory* och i nyhetsbyrån *Christian Telegraph* på grund av sin kraftfulla tv-tjänst och församlingsbyggande tjänst utomlands.

Per oktober 2017 har Manmin Central Church en församling med fler än 120 000 medlemmar. Det finns 11 000 inrikes och utrikes församlingsgrenar över hela världen, inklusive 56 nationella församlingsgrenar och fler än 102 missionärer har sänts ut till 23 länder, länder som USA, Ryssland, Tyskland, Kanada, Japan, Kina, Frankrike, Indien, Kenya och många fler.

Till denna dag har Dr. Lee skrivit 108 böcker, inklusive bästsäljare som *En Smak av Evigt Liv Före Döden, Mitt Liv Min Tro I & II, Budskapet om Korset, Måttet av Tro, Himlen I & II, Helvetet,* och *Guds Kraft.* Hans verk har översatts till fler än 76 språk.

Hans kristna tidningsspalter finns i tidningarna The Hankook Ilbo, The JoongAng Daily, The Chosun Ilbo, The Dong-A Ilbo, The Seoul Shinmun, The Kyunghyang Shinmun, The Hankyoreh Shinmun, The Korea Economic Daily, The Shisa News, och The Christian Press.

Dr. Lee är för närvarande ledare för ett antal missionsorganisationer och sammanslutningar. Han är bland annat styrelseordförande i United Holiness Church of Jesus Christ; ordförande i World Christianity Revival Mission Association; grundare och styrelseordförande i Global Christian Network (GCN); grundare och styrelseordförande i World Christian Doctors Network (WCDN); samt grundare och styrelseordförande i Manmin International Seminary (MIS).

## Andra kraftfulla böcker av samme författare

**Himlen I & II**

En detaljerad bild över den härliga boendemiljön som de himmelska medborgarna njuter av och underbar beskrivning av de olika nivåerna i de himmelska herradömen.

**Budskapet om Korset**

Ett kraftfullt budskap som ger ett uppvaknande till människor som är andligt sovande! I denna bok finner du orsaken till att Jesus är den ende Frälsaren och Guds sanna kärlek.

**Helvetet**

Ett allvarligt budskap till hela mänskligheten från Gud som inte vill att en enda själ ska hamna i helvetets djup! Du kommer upptäcka sådant som aldrig tidigare uppenbarats om den grymma verkligheten i Nedre Hades och helvetet.

**Ande, Själ och Kropp I & II**

En guidebok som ger oss andlig insikt om ande, själ och kropp och hjälper oss att ta reda på vilket slags "jag" vi har, så att vi kan få kraft att besegra mörkret och bli en andlig person.

### Måttet av Tro

Vilka slags himmelska boplatser, kronor och belöningar är förberedda för dig i himlen? Denna bok ger visdom och vägledning och hjälper dig att mäta din tro och kultivera den till att bli den bästa och mognaste tron.

### Vakna Israel

Varför har Gud vakat över Israel ända från denna världens begynnelse till denna dag? Vad har Han i sin omsorg förberett för Israel i de sista dagarna, för dem som väntar på Messias?

### Mitt Liv, Min Tro I & II

En ytterst dyrbar andlig väldoft utvunnen från livet som blomstrar med en oförliknelig kärlek till Gud, mitt i de mörka vågorna, kalla ok och djupaste förtvivlan.

### Guds Kraft

Denna måste-läsa-bok är en viktig guide genom vilken man kan erhålla sann tro och uppleva Guds underfulla kraft.

www.urimbooks.com

www.ingramcontent.com/pod-product-compliance
Lightning Source LLC
LaVergne TN
LVHW041745060526
838201LV00046B/911